MICHEL LÉVY FRÈRES, ÉDITEURS
RUE VIVIENNE, 2 BIS, ET BOULEVARD DES ITALIENS, 15
A LA LIBRAIRIE NOUVELLE

PRIX **50** CENTIMES   PRIX **50** CENTIMES

LE DRAME
DE
LA RUE DE LA PAIX

DRAME EN CINQ ACTES
PAR
ADOLPHE BELOT

REPRÉSENTÉ POUR LA PREMIÈRE FOIS, A PARIS, SUR LE THÉATRE IMPÉRIAL DE L'ODÉON (SECOND THÉATRE FRANÇAIS),
LE 5 NOVEMBRE 1868.

DISTRIBUTION DE LA PIÈCE

ALBERT SAVARI	MM. BERTON.	PÉLAGIE D'ERMONT	Mmes FERRARIS.
VIBERT	TAILLADE.	PALMYRE, amie de Pélagie	BODE.
DUMOUCHE	REYNARD.	ADÈLE — —	FASSY.
LE PETIT VICOMTE	PAUL CLÉVES.	LÉONIDE — —	DAMAIN.
M. GOURBET, juge d'instruction	RICHARD.	TROIS INVITÉS	
LE GREFFIER	CLERH.	UN MAITRE-D'HOTEL du café anglais	
JULIA VIDAL	Mmes SARAH-BERNHARDT.	UN GARÇON DE BUREAU	MM. ERNEST.
MARIETTA	NANCY.	UN DOMESTIQUE	GIBERT.

Les cinq actes se passent de nos jours, à Paris

Droits de reproduction, de traduction et de représentation réservés

ACTE PREMIER

La scène représente l'intérieur d'un cabinet de juge d'instruction au Palais-de-Justice. — Au fond, la porte d'entrée ouvrant sur le grand corridor. — Portes latérales; celle de gauche, donnant passage aux prévenus et communiquant avec la Conciergerie. — A gauche, une cheminée, deux fauteuils des deux côtés. — A droite, le bureau du juge d'instruction, placé près de la croisée; plus loin, au second plan, contre le mur, un bureau pour écrire debout. — A gauche, près de la cheminée, un petit bureau pour le greffier.

SCÈNE PREMIÈRE
LE GREFFIER, puis UN GARÇON DE BUREAU.

LE GREFFIER, assis près de la cheminée, mettant de côté un journal qu'il parcourait. Il n'y a pas à dire : tous ces détails sont parfaitement exacts... je me demande sans cesse comment les journalistes sont aussi bien renseignés. (Prenant un autre journal et s'asseyant à son bureau.) Voyons ce que dit *le Droit*. (Il lit.) « Jamais on n'a trouvés réunis autant d'éléments de curiosité » et d'intérêt, que dans l'affaire désignée au Palais sous ce » titre : *Le Drame de la rue de la Paix*. Le nom de la victime, » si connu à la Bourse et si justement estimé, les bruits qui » circulent sur la beauté de sa femme, une Italienne qu'il » venait d'épouser, enfin les mystères de toutes sortes qui » semblent entourer ce crime, concourent à passionner tous » les esprits. M. Gourbet est chargé de l'instruction » de cette affaire, et on assure qu'il vient d'ordonner les » recherches les plus actives dans le but d'arrêter un cer- » tain repris de justice, qu'on a vu rôder dans les environs

» de la rue de la Paix, le soir de l'assassinat. On dit d'autre
» part, qu'un mandat d'arrêt aurait été lancé hier contre un
» jeune homme fort répandu dans le monde parisien,
» M. A. S. Des discussions d'intérêt qu'il aurait eues, dans
» ces derniers temps, avec la victime de l'assassinat, Mau-
» rice Vidal, auraient fait naître contre lui quelques pré-
» somptions qui ont motivé cet acte de rigueur. » (S'interrompant
*pour s'adresser à un garçon de bureau, qui entre avec des dossiers à
la main.*) Est-ce que monsieur le juge d'instruction est arrivé?

LE GARÇON. Il me suit, monsieur. Il cause avec quelqu'un
dans le corridor. Voici ses dossiers.

LE GREFFIER. Placez-les sur son bureau, près de la correspondance. (*Continuant la lecture du journal, tandis que le garçon se retire
après avoir déposé les dossiers sur le bureau du juge d'instruction.*)
« Après avoir passé quelques jours à Gênes, dans sa famille,
» madame Julia Vidal rentrait à Paris, le 19 octobre dernier, à
» six heures du matin. Étonnée de ne pas trouver son mari
» l'attendant à la gare, elle monte aussitôt en voiture avec une
» de ses compatriotes qui lui sert de dame de compagnie et
» se fait conduire rue de la Paix. (*Il se lève.*) Arrivée à l'é-
» tage qu'elle occupe, elle sonne; on n'ouvre pas. Elle ap-
» pelle, fait enfoncer la porte et se précipite dans la cham-
» bre de son mari. Alors un spectacle affreux s'offre à sa
» vue! Près du lit, Maurice Vidal gît inanimé... Sa main cris-
» pée tient encore son carnet de boursier sur lequel il a
» écrit ces mots : « Julia, venge-moi, l'assassin s'appelle... »
» La mort avait glacé sa main, au moment où il allait tracer
» le nom de son meurtrier. » C'est bien cela!... Ces journalistes!

*La porte du fond s'ouvre, M. Gourbet entre suivi du garçon de bureau.
Le greffier se lève et salue.*

SCÈNE II
M. GOURBET, LE GREFFIER, LE GARÇON DE BUREAU.

M. GOURBET, *s'adressant au garçon de bureau.* Est-ce que quelqu'un m'attend?

LE GARÇON, *donnant deux cartes et une lettre.* Oui, monsieur,
deux personnes; voici leurs noms.

M. GOURBET, *lisant.* « Vibert... » bien... je sais... « Hector
Dumouche... » je ne connais pas.

LE GARÇON. Ce monsieur m'a prié de remettre cette lettre
à monsieur le juge d'instruction.

M. GOURBET. C'est bien, je sonnerai. (*Il décachette et lit tandis
que le greffier s'est assis devant le bureau.*) « Mon cher ami, je te
» présente une sorte de viveur et d'original qui a nom Hector
» Dumouche. Nous faisons tous les deux, depuis longtemps,
» partie du même cercle et il m'est presque impossible de lui
» refuser cette introduction auprès de toi. Il t'expliquera
» ce qu'il veut. Je ne le sais pas au juste. J'ai cru seule-
» ment comprendre que son cerveau, dont certaines cases
» laissent à désirer, est, en ce moment, plus troublé que
» jamais par notre littérature moderne, surtout par cette
» affreuse littérature dite judiciaire, mise à la mode par
» deux ou trois romanciers que le ciel confonde. Excuse
» mon indiscrétion, et, si mon protégé te dérange trop, ne te
» gêne pas avec lui. A propos, tu es, dit-on, chargé d'ins-
» truire l'affaire de la rue de la Paix. Bravo. Le coupable
» n'a qu'à se bien tenir!
» Ton ami,
» COMTE DE GIVRY. »

(*Au greffier.*) Pour quelle heure ai-je convoqué madame
Julia Vidal?

LE GREFFIER. Pour onze heures, monsieur.

M. GOURBET, *après avoir regardé la pendule.* Il n'est que dix
heures et demie, j'ai le temps de me débarrasser de cet im-
portun. (*Au greffier qui s'est levé et se dirige vers le fond.*) Veuillez
dire, je vous prie, au garçon de bureau, de faire entrer monsieur Dumouche; lorsqu'il sera ici depuis deux ou trois mi-
nutes, il introduira l'autre personne.

*Il jette un coup d'œil sur sa correspondance, tandis que le garçon de
bureau introduit Dumouche.*

SCÈNE III
M. GOURBET, DUMOUCHE.

DUMOUCHE, *sur le seuil de la porte, mettant un pince-nez et regardant autour de lui après avoir salué le juge d'instruction. — A part.* J'y
suis... il n'y a pas à dire, j'y suis. Elle est écrasante! C'est
ici la première étape de la justice criminelle : le laboratoire
où elle fait ses petites préparations... (*Aspirant l'air.*) Ah! quel
excellent parfum! comme ça sent le crime!

M. GOURBET, *qui l'a rejoint.* Je viens de lire la lettre de mon
ami le comte de Givry. En quoi puis-je vous être agréable,
monsieur?

DUMOUCHE, *saluant.* Monsieur, vous pouvez tout simplement
me combler.

M. GOURBET. J'y suis tout disposé. Que faut-il faire pour
cela?

DUMOUCHE. Me permettre d'examiner votre cabinet dans
tous ses détails.

M. GOURBET. Examiner mon cabinet! Et ensuite?

DUMOUCHE. C'est tout.

M. GOURBET. Comment, c'est tout!

DUMOUCHE. Mon Dieu! oui! c'est tout! mes désirs ne vont
pas plus loin.

M. GOURBET. Ils sont faciles à satisfaire en ce moment. (*A
part.*) De Givry disait vrai; c'est un original. (*Haut.*) Examinez
à votre aise, monsieur; je dois vous prévenir seulement que
le cabinet d'un juge d'instruction n'a rien de particulier. Il ressemble, à peu de chose près, aux bureaux de tous les em-
ployés du gouvernement.

DUMOUCHE. Oh! non, monsieur, non. Il y a une différence.
Permettez-moi de garder mes illusions.

Vibert entre par le fond.

M. GOURBET, *souriant.* Volontiers. (*Apercevant Vibert.*) Mais
veuillez me permettre aussi de m'occuper de quelques affaires
pressées.

DUMOUCHE. Comment donc! Je vous en supplie.

Il s'incline, s'arme de son pince-nez, et regarde avec curiosité Vibert.

SCÈNE IV
LES MÊMES, VIBERT.

M. GOURBET, *à Vibert.* Tout à l'heure.
Il lui désigne le côté de la scène opposé à celui où se trouve Dumouche.

DUMOUCHE, *à part, regardant Vibert.* Qu'est-ce que c'est que
ce bonhomme-là?... Un voleur... un assassin...! Non, il
n'entrerait pas ici, en toute liberté... Voyons... en ma qualité
d'observateur, je vais tout de suite deviner... Eh! oui, parbleu, j'y suis! c'en est un, évidemment j'en tiens un. Elle
est écrasante celle-là! Cependant son signalement n'est pas
conforme à ceux que j'ai lus. Il ne me fait pas l'effet d'un
gaillard... non décidément! Ça n'est pas mon affaire.

Il s'approche du bureau en l'examinant.

M. GOURBET, *à Dumouche.* Pardon, monsieur.

DUMOUCHE. Très-bien, très-bien, je me retire un instant,
je vais visiter les annexes.

Il sort par le fond.

M. GOURBET. Est-ce vous qui assistiez le commissaire de
police lorsqu'il s'est présenté au domicile d'Albert Savari
pour l'arrêter?

VIBERT. Non, monsieur; je puis être chargé, dans le cours
de l'instruction, de quelque mission auprès d'un prévenu et
j'évite, autant que possible, de me faire connaître à l'avance.
J'étais du reste hier, occupé d'une enquête au sujet de ce
repris de justice qu'on prétend avoir vu rôder, rue de la Paix,
le soir du crime.

M. GOURBET. Oui, c'est moi qui ai ordonné cette enquête.
Eh bien?

VIBERT. Je n'ai encore aucun renseignement précis.

M. GOURBET. Tâchez de vous en procurer et, surtout, de ne
pas laisser ralentir votre zèle, par suite du mandat que j'ai
lancé contre Albert Savari. Je n'ai contre ce prévenu que des
indices encore vagues, des preuves morales plutôt que ma-
térielles. Il peut sortir victorieux de l'interrogatoire que je
vais lui faire subir dans un instant. Alors, il faudra bien
trouver le véritable coupable.

VIBERT, *s'inclinant.* Vous le trouverez, monsieur le juge d'instruction.

M. GOURBET. Dites-moi, si je vous ai mandé, ce matin, dans
mon cabinet, c'est que j'ai entendu assurer que vous aviez
connu personnellement la victime du crime dont je m'occupe.

VIBERT. En effet, monsieur. Quelque temps après son ma-
riage, il y a six mois environ, des valeurs importantes ont été
soustraites à M. Maurice Vidal, et j'ai été délégué auprès de lui
pour m'occuper des recherches. J'avais même élu domicile
dans son appartement, avec l'espérance de surprendre le voleur et, dans mes moments perdus, j'ai pu faire certaines re-
marques personnelles à monsieur Vidal.

M. GOURBET. Quel homme était-ce?

VIBERT. Il m'a paru un peu froid, un peu sec, ce qu'on appelle cassant, dans ses rapports avec le public; il admettait

difficilement la contradiction et s'emportait aisément; du reste, d'une honnêteté scrupuleuse...

M. GOURBET. Et sa femme, vous la connaissez aussi?

VIBERT. Oui, monsieur, c'est une Italienne d'une beauté originale, étrange.

M. GOURBET. Paraissait-elle aimer beaucoup son mari?

VIBERT. Elle devait surtout avoir de l'estime et de l'amitié pour lui. Maurice Vidal était d'une nature froide qui ne pouvait être en rapport avec le caractère passionné et tendre tout à la fois de madame Vidal. Il semblait l'avoir compris et s'être donné la tâche de refroidir cette imagination trop vive.

M. GOURBET. Comment expliquez-vous, alors, la douleur que paraît éprouver madame Julia Vidal et l'énergie que...

VIBERT. Justement, monsieur, madame Vidal ressent pour son mari un amour posthume d'autant plus violent qu'il avait été plus contrarié! Puis, cette catastrophe, cette fin tragique, sont de nature à agir puissamment sur l'imagination d'une femme, surtout d'une Italienne.

M. GOURBET, après un instant de silence pendant lequel il examine Vibert. On m'avait beaucoup parlé de vous, monsieur, et je vois qu'on avait eu raison de me vanter votre intelligence et votre esprit d'observation.

VIBERT, Ces qualités, si je les possède, monsieur le juge d'instruction, sont des plus naturelles. Ma mauvaise santé, ma faible constitution m'ont empêché de vivre jusqu'à ce jour pour mon propre compte; j'ai eu mille désirs inassouvis, une foule de petites passions rentrées. Aussi, je me dédommage de mon inaction forcée, du rôle passif qui m'est imposé, en regardant vivre les autres et en vivant de leur existence. Je m'initie à leurs affaires, je partage leurs sentiments, leurs passions; je me réjouis et je souffre avec eux; en un mot, comme on dit vulgairement : j'entre dans leur peau.

M. Gourbet se lève et passe au bureau du greffier; le garçon de bureau entre et place des papiers sur le pupitre.

M. GOURBET, au garçon. Dites à monsieur Dumouche qu'il peut rentrer.

Le garçon ouvre la porte, Dumouche rentre.

VIBERT, s'inclinant. Monsieur le juge d'instruction désire-t-il que je lui remette un rapport particulier au sujet de l'enquête à laquelle je me suis livré?

M. GOURBET. Oui. Est-il prêt? l'avez-vous sur vous?

VIBERT. Non, monsieur, mais je puis aller le rédiger.

Il fait le geste de sortir.

M. GOURBET. C'est inutile. Asseyez-vous là.

Il désigne le bureau du greffier.

VIBERT, à part. Je reste.   Il s'assied.

Dumouche a parcouru le cabinet dans tous les sens. Il a examiné tout ce qui l'entoure avec curiosité, il a tiré son calepin de sa poche et pris des notes. Depuis un moment, il s'est arrêté devant la croisée et semble en mesurer la hauteur.

DUMOUCHE, écrivant sur son calepin. Un mètre quarante-cinq de large.

M. GOURBET, qui lisait des papiers à sa table, se retourne et examine Dumouche. Qu'est-ce que cela veut dire? Il prend maintenant la mesure de mes croisées. Ma foi, cet original m'intrigue. Monsieur! monsieur!

DUMOUCHE, montant sur une chaise, puis continuant à écrire. Trois mètres vingt de haut.

M. GOURBET. Monsieur!

DUMOUCHE. Hein? quoi!

M. GOURBET. Mille pardons de vous déranger, monsieur, mais seriez-vous assez bon pour me dire ce que vous faites-là?

DUMOUCHE. Je prends des notes.

M. GOURBET. Je le vois bien, mais dans quel but?

DUMOUCHE. Vous ne comprenez pas?

M. GOURBET. Non, je l'avoue; et comme, par profession, je suis un peu indiscret et curieux...

DUMOUCHE. Vous désirez des éclaircissements. C'est trop juste. Votre hospitalité vaut bien cela... (Il descend de sa chaise et s'assied en face de M. Gourbet.) Peut-être, monsieur, en remarquant mon commencement de calvitie, mes cheveux grisonnants sur les tempes, et plusieurs autres signes de ma précoce décrépitude, vous êtes-vous dit que vous étiez en face d'un travailleur de la pensée, d'une victime du labeur intellectuel. Eh bien!... monsieur, vous vous seriez trompé... je n'ai jamais rien fait de ma vie. Depuis que je suis au monde je n'ai eu d'autre préoccupation que de tuer le temps le plus agréablement possible. Je me lève, je bâille... et je me dis : Qu'est-ce que je ferai aujourd'hui? Je n'en sais jamais rien. Alors, je vais au Bois, au théâtre, je soupe avec des demoiselles et je recommence le lendemain. A mon âge, c'est triste; je me fais encore l'effet d'un petit crevé. Voyons, monsieur, je vous le demande à vous, un homme sérieux, est-ce une existence, est-ce une existence?   Il se lève.

M. GOURBET, souriant. J'avoue que...

DUMOUCHE, continuant. A trente-huit ans, n'être rien, ne tenir aucune place dans la société. N'avoir jamais été ni électeur, ni juré, ni témoin, ni garde national, et ne plus pouvoir être garde mobile. Être inutile à tous et à soi-même. Passer sa vie entre de petits jeunes gens qui se ruinent et des petites dames qui les grugent!... Et encore être bla... plaisanté par ce monde-là. Oui, plaisanté par ceux-ci, parce que je ne suis plus de leur âge, plaisanté par celles-là, parce qu'elles n'ont rien à attendre de moi; elles m'ont dépouillé de tout, même de mes cheveux.

M. GOURBET, se lève, remonte, puis redescend à son bureau suivi de Dumouche. En effet, votre situation est des plus intéressantes.

DUMOUCHE. Elle est intolérable et je veux en changer... Oui, je veux en changer! J'ai honte de mon inutilité. Je veux avoir une position dans le monde, remplir les devoirs qui incombent à tout citoyen et surtout ne plus vivre avec des créatures... Croiriez-vous qu'elles en sont arrivées à m'appeler le père Dumouche; oui, le père Dumouche! Que voulez-vous? pour jouir de quelque considération auprès de ces gens-là, il faut être jeune, beau, riche, ou célèbre! Hélas, ma jeunesse s'est envolée, ma fortune l'a suivie, et ma beauté a pris la file... Il ne me reste plus qu'une ressource: être célèbre. J'ai résolu de le devenir. Dorénavant, quand j'entrerai dans un salon, je veux qu'on s'écrie : C'est Dumouche, vous savez, Dumouche... enfin, Dumouche!

M. GOURBET. Et vous espérez parvenir à ce résultat en prenant la mesure de mes croisées?

DUMOUCHE. Peut-être... de notre temps, monsieur, il n'est qu'une carrière qui permette d'arriver promptement à la célébrité, sans diplôme et sans capital : celle d'homme de lettres.

M. GOURBET. Ah! vous voulez?...

DUMOUCHE. Je veux faire du roman, du roman-feuilleton, du roman judiciaire. La mode est en ce moment à ce genre de littérature. Au bas des journaux s'étalent des titres comme ceux-ci : Le Dossier 1007, le Crime de Granval, l'Affaire Lenoir, M. Ducoq. Eh bien! moi aussi, monsieur, j'inventerai mon petit crime.

VIBERT, qui observe toujours Dumouche. On peut utiliser un type comme celui-là.

DUMOUCHE. Mais si je me lance dans le domaine de la fantaisie, lorsqu'il s'agira de l'action, je veux que les descriptions, les détails de mon œuvre soient frappés au coin de la vérité. Rien ne m'échappera. Je suis observateur. Je pousserai l'amour de mon art jusqu'à décrire ce cabinet du plancher au plafond, et au lieu de mettre en scène, comme certains de mes confrères, des personnages de convention je ferai parler de vrais bonshommes, en chair et en os. Je me suis rappelé qu'un de mes amis vous connaissait et je l'ai prié de m'introduire auprès de vous. Ne m'en veuillez pas de vous avoir dérangé, je n'avais que ce moyen de pénétrer dans le sanctuaire de la justice. A moins de commettre un crime, ou d'avoir la chance d'en voir commettre un.

M. GOURBET, souriant. En effet; à l'occasion, vous seriez reçu ici à ravir, en qualité de témoin ou de prévenu.

DUMOUCHE. Je vous remercie mille fois. Pour le moment, il faut me contenter de mes notes et grâce à celles que je viens de prendre j'ai déjà de quoi faire un volume. Bientôt, vous verrez mon nom sur tous les murs de Paris. « C'est demain que va paraître le roman intéressant du spirituel, du célèbre, de l'illustre romancier : » je ferai mettre cela, c'est la mode : « M. Dumouche, M. Dumouche, M. Dumouche! » Je collerai des affiches partout, j'en placerai jusque dans les appartements de ces dames. Oui, Pélagie d'Ermont elle-même, la célèbre Pélagie qui reçoit tout Paris, sera forcée de me faire de la réclame, et...

M. GOURBET, l'arrêtant. Pardon, vous connaissez la nommée Pélagie d'Ermont, une ancienne femme mariée devenue...

DUMOUCHE. Devenue très à la mode dans un certain monde... Si je la connais! c'est une femme que j'ai inventée!...

M. GOURBET. Ne reçoit-elle pas un jour par semaine?

DUMOUCHE. Oui, nous sommes un noyau d'amis, qui, tous les lundis soir, taillons un baccarat dans son petit hôtel de la rue Pigalle.

VIBERT, à lui-même. Ce renseignement peut servir.

M. GOURBET. N'avez-vous pas quelquefois rencontré chez cette dame un nommé Albert Savari?

DUMOUCHE. Parbleu! nous nous rencontrons toute la vie depuis quinze ans.

M. GOURBET, s'adressant au greffier. Monsieur le greffier, vous citerez à comparaître mardi, devant moi, M. Hector Dumouche.

DUMOUCHE. Moi! et pourquoi donc?

M. GOURBET. Ne venez-vous pas de me dire que vous connaissiez le nommé Albert Savari?

DUMOUCHE. Sans doute.

M. GOURBET. Il se trouve compromis dans une affaire des plus graves, et vous donnerez sur son compte, à la justice, les renseignements qu'elle vous demandera.

DUMOUCHE. Vraiment ! Témoin ! je vais être témoin !

M. GOURBET. Ce sera pour vous une occasion de venir étudier à loisir mon cabinet et peut-être la cour d'assises.

DUMOUCHE. La cour d'assises !

Le garçon entre et parle bas à Vibert.

M. GOURBET, *s'adressant au greffier.* Communiquez à monsieur, je vous prie, les articles du Code qui concernent les témoins. Il est bon qu'il sache à quelles peines il pourrait, dans certains cas, être exposé.

DUMOUCHE. Des peines, maintenant, j'encours des peines ! ah ! c'est écrasant !

M. GOURBET, *à Vibert.* Qu'y a-t-il ?

VIBERT. Madame Julia Vidal attend à côté.

M. GOURBET. C'est bien. Je la ferai entrer moi-même.

Le garçon se retire.

DUMOUCHE, *au greffier qui referme le Code.* Oui, oui, j'ai bien vu... il y a même de la prison... (*Se frottant les mains.*) Je puis être condamné à la prison. C'est de la veine !... (A M. Gourbet qu'il rejoint et, avec qui, il se dirige vers le fond.) Je n'abuserai pas plus longtemps de vos moments, monsieur... Mais il me reste à vous remercier, de tout cœur, de votre bienveillante réception. J'étais entré dans ce cabinet en simple curieux, je n'espérais pas en sortir avec un titre sérieux et pour ainsi dire officiel... (Au greffier en le saluant.) Oui, j'ai bien vu, de la prison... j'ai tout vu, tout observé... (Sortant et regardant Vibert.) Qu'est-ce que c'est que ce bonhomme-là ?

Il sort.

M. GOURBET, *à lui-même.* Je ferai mes compliments à de Givry sur son protégé. (A Vibert, près duquel il passe.) Les notes que je vous ai demandées sont prêtes ?

VIBERT. Pas entièrement, monsieur le juge d'instruction.

M. GOURBET. Finissez, rien ne vous presse.

Il se dirige vers la porte du fond et introduit Julia qu'il fait asseoir près de la table du greffier. Le greffier sort lorsque Julia est entrée.

SCÈNE V

M. GOURBET, VIBERT, JULIA VIDAL.

M. GOURBET, *à Julia.* Vous m'excuserez, madame, d'avoir été encore obligé de vous appeler ici. Mais vous pouvez m'être d'un grand secours pour arriver au but qu'on m'a donné mission de poursuivre et que je veux atteindre.

JULIA, *assise près de la table du greffier.* Oh ! oui, monsieur ! vous atteindrez ce but, n'est-ce pas ? Vous vengerez mon mari, nous le vengerons !

M. GOURBET, *assis à côté d'elle.* Je l'espère ; mais dans ma carrière, déjà bien longue, j'ai rarement rencontré, je l'avoue, d'affaire aussi mystérieuse que celle-ci. Le crime qui nous occupe ne paraît pas avoir eu le vol pour mobile, et je cherche en vain quel sentiment a pu guider le meurtrier. Tous les fils que je crois être parvenu à nouer se brisent dans mes mains. Je ne m'avance plus qu'avec une extrême prudence, car il me serait pénible de faire arrêter un innocent, dussé-je le mettre en liberté.

JULIA. Mais alors, le coupable ne serait pas retrouvé ! Mon mari m'a cependant ordonné de le venger. Il faut que je lui obéisse !

M. GOURBET. Et je veux vous y aider, madame. Mais encore faut-il que nous trouvions ce coupable.

JULIA. J'ai lu hier soir, dans un journal, que l'assassin avait été arrêté.

M. GOURBET. Les journaux, madame, suivant leur habitude, exagèrent. J'ai, en effet, ordonné une arrestation ; celle d'un jeune homme qui va tout à l'heure comparaître devant moi ; quelques charges pèsent sur lui et justifient la mesure que j'ai été obligé de prendre ; mais ces charges ne sauraient me convaincre d'une façon absolue.

JULIA. Puis-je me permettre, monsieur, de vous demander le nom de la personne dont vous parlez ?

M. GOURBET. Albert Savari ; je vous l'ai déjà nommé, madame, et vous m'avez déclaré qu'il vous était inconnu. Les renseignements que vous auriez pu me donner sur son compte m'eussent été précieux.

JULIA, *après un instant de silence.* Non, je n'ai jamais vu cette personne et je ne crois pas avoir entendu mon mari la nommer. Cependant, lorsque son nom est sorti de votre bouche, la même commotion que j'avais déjà ressentie s'est reproduite.

VIBERT, *à lui-même.* Ah !

M. GOURBET. Quelle commotion ? Que voulez-vous dire ?

JULIA, *se levant.* Je ne puis pas m'expliquer ; je ne comprends pas moi-même cet effet bizarre. Le jour où pour la première fois je vous ai entendu dire ces mots : « Albert Savari », il m'a semblé que je pâlissais, que mon cœur battait plus vite ; j'ai voulu voir si je ne m'étais pas trompée, si le même phénomène se reproduirait, et je vous ai tout à l'heure prié de me redire ce nom, quoique je le connusse et qu'il se présentât sans cesse à ma pensée.

M. GOURBET. Cela n'a rien d'étrange. Le sieur Savari est la seule personne qui se trouve jusqu'à ce jour compromise dans cette affaire. Vous le savez, et son nom doit vous causer une certaine émotion.

JULIA. C'est possible, monsieur. Vous m'avez demandé de vous faire part de toutes mes impressions, et je vous ai obéi.

Le garçon de bureau entre et parle bas à Vibert.

M. GOURBET. Je vous en remercie, madame.

VIBERT, *à M. Gourbet.* On vient d'amener le prévenu Albert Savari.

M. GOURBET. C'est bien ; qu'on attende.

JULIA, *qui s'est levée.* Je puis sans doute me retirer, monsieur ?

M. GOURBET. Oui, madame.

Il fait deux pas avec elle vers la porte.

JULIA, *s'arrêtant tout à coup, et redescendant près de M. Gourbet.* Pardon, monsieur, ne me serait-il pas possible de voir la personne que vous attendez ?

M. GOURBET. Vous voudriez voir le prévenu ! Dans quel but ?

JULIA. Il me semble qu'au son de sa voix, à son regard, je saurais s'il est coupable. Je vous en prie, monsieur, permettez-moi de rester.

M. GOURBET. Ce que vous demandez là est presque impossible, madame. Je ne dois pas, devant vous, interroger cet homme.

VIBERT, *à M. Gourbet.* Pourquoi donc, monsieur ?

Il s'arrête confus et passe à gauche.

JULIA. Mais il peut ignorer que je suis ici, ne puis-je pas le voir sans être vue moi-même ?

M. GOURBET, *après un instant de réflexion.* Au fait ! pourquoi pas ? vous sentez-vous le courage, madame, durant tout cet interrogatoire, de ne pas dire un mot, de ne pas faire un geste, qui trahissent votre présence dans mon cabinet ?

JULIA. Oui, monsieur, j'aurai ce courage.

M. GOURBET. Même si j'arrivais à obtenir de Savari l'aveu de son crime ?

JULIA. Oui, monsieur. A force de volonté, je serai maîtresse de mon indignation.

M. GOURBET. C'est bien.

Il s'approche de Vibert et lui parle bas.

VIBERT. Rien de plus facile, monsieur. (*Vibert fait entrer Julia dans une pièce au fond du théâtre, à droite, tandis que M. Gourbet s'est assis devant son bureau et consulte des notes.*) Vos ordres sont exécutés, monsieur.

M. GOURBET, *à Vibert.* Veuillez dire que j'attends le prévenu... Il est inutile de l'accompagner jusqu'ici, on l'attendra au dehors.

VIBERT. Voici mon rapport, monsieur le juge d'instruction.

M. GOURBET. C'est bien, merci. Je n'ai plus besoin de votre concours.

VIBERT. Dois-je revenir ?

M. GOURBET. Mais je ne sais pas...

VIBERT. J'avais pensé...

M. GOURBET. Eh bien, revenez après l'interrogatoire. J'aurai peut-être des instructions à vous donner.

VIBERT. Je ne quitterai pas le Palais.

Il sort — Savari, introduit par le greffier, entre par la petite porte, à gauche, destinée aux prévenus.

SCÈNE VI

M. GOURBET, SAVARI, LE GREFFIER, JULIA, cachée.

SAVARI, *après avoir jeté un coup d'œil autour de lui et s'être avancé d'un pas ferme, s'adressant au juge d'instruction.* Puis-je enfin savoir, monsieur, pour quel motif je me suis vu brusquement arrêté hier, et pourquoi je me trouve en ce moment devant vous ?

M. GOURBET. Monsieur, vous vous trouvez devant moi pour répondre aux questions que j'aurai à vous poser, et non pas pour m'en adresser.

SAVARI. Il est juste cependant que je désire savoir de quel délit ou de quel crime on m'accuse... C'est en vain que j'ai interrogé les agents chargés de mon arrestation, ils ont refusé de me répondre.

M. GOURBET. Ils n'ont fait que leur devoir... Mais ce qu'ils n'ont pu vous apprendre, je vais vous le dire ; vous pouvez vous asseoir. (Regardant fixement Savari.) Vous êtes accusé d'avoir assassiné un jeune homme nommé Maurice Vidal.

SAVARI. Vraiment ! J'avoue que j'étais loin de m'attendre à être compromis dans cette affaire dont, depuis quelques jours, on s'est souvent entretenu devant moi ! Serait-ce indiscret de vous demander, monsieur, quels motifs peuvent me faire soupçonner d'un tel crime ?

M. GOURBET. Vous allez les connaître ; mais puisque votre première curiosité est satisfaite, procédons d'abord par ordre, et veuillez me donner vos noms et prénoms. (S'adressant au greffier.) Vous pouvez écrire, monsieur.

SAVARI, se tournant vers le greffier, qu'il lorgne. Je m'appelle Albert Savari.

M. GOURBET. C'est le nom de votre mère ?

SAVARI. C'est le seul nom que je possède ; j'ai eu le malheur de ne pas connaître mon père.

M. GOURBET. Votre mère n'a jamais été mariée ?

SAVARI. Non, monsieur.

M. GOURBET. Elle a beaucoup fait parler d'elle dans une certaine classe de la société.

SAVARI. Je n'ai pas à la juger, monsieur. Je veux seulement me souvenir de l'affection qu'elle m'a toujours témoignée et de l'éducation qu'elle m'a donnée.

M. GOURBET. Vous avez raison, monsieur. Nous n'avons pas, du reste, l'intention de vous rendre responsable des irrégularités de votre naissance. Quel âge avez-vous ?

SAVARI. Trente-six ans.

M. GOURBET. Quelle est votre profession ?

SAVARI. Je n'en ai pas.

M. GOURBET. Comment vivez-vous alors ? Quels sont vos moyens d'existence ?

SAVARI. Si vous entendez, monsieur, par moyens d'existence, les rentes sur l'État, des titres de propriété ou quelque pension particulière, je dois reconnaître que je n'ai aucune de ces choses. Comme beaucoup de jeunes gens de notre époque, je vis au jour le jour : riche quelquefois, par accident ; pauvre le plus souvent, par habitude. Tantôt je fais une opération heureuse à la Bourse, tantôt je gagne au jeu. C'est bizarre et irrégulier, je le confesse ; mais c'est vrai ; et comme vous paraissiez désirer la vérité, monsieur, je l'ai dite.

M. GOURBET. Triste vérité, monsieur ! Mais abordons le fond de l'affaire. Où avez-vous passé la soirée du 19 octobre dernier ?

SAVARI. Et vous, monsieur ?

M. GOURBET, se levant. Monsieur, vous oubliez le respect dû à la justice que je représente en ce moment. Je vais donner des ordres pour...

SAVARI. Monsieur, vous vous êtes mépris, croyez-le bien, sur le sens de mes paroles. Je n'ai pas eu l'intention de blesser un magistrat dont les manières et le langage, quoique sévères, n'ont pas cessé un instant d'être polis et courtois. J'ai seulement voulu, par cette question que je vous adresse, en opposition à la vôtre, vous faire comprendre combien il était difficile de vous répondre. En effet, je suis persuadé qu'avec la meilleure volonté du monde, toute personne mise en demeure aussi brusquement de rendre compte de ses actions, ne saurait y parvenir.

M. GOURBET, se rasseyant. Cela dépend de l'existence plus ou moins accidentée que l'on mène : la question dont vous parlez, si elle est embarrassante pour quelques-uns, ne le serait pas pour tous. Mais ce débat vous a donné le temps de réfléchir ; pouvez-vous maintenant me répondre ?

SAVARI. Je l'espère du moins. Sauf erreur, j'ai dû dîner au café Anglais.

M. GOURBET. Vous y connaît-on ?

SAVARI. Parfaitement, depuis plusieurs années.

M. GOURBET. A quelle heure croyez-vous en être sorti ?

SAVARI. Il devait être environ huit heures.

M. GOURBET, se levant. Qu'avez-vous fait alors ?

SAVARI. J'ai dû, suivant mon habitude, me promener pendant une heure sur le boulevard des Italiens. Puis je suis rentré un instant chez moi.

M. GOURBET, allant au greffier, en passant derrière Savari. Il était alors neuf heures, suivant vous ?

SAVARI. Neuf heures, environ.

M. GOURBET. Votre concierge, interrogé depuis votre arrestation, prétend ne vous avoir vu que vers les dix heures.

SAVARI. Neuf heures, neuf heures et demie ou dix heures, cela se ressemble beaucoup pour un concierge qui dort la moitié du temps au fond de sa loge.

M. GOURBET. Après être resté quelques instants chez vous, vous vous êtes rendu chez une nommée Pélagie d'Ermont, une ancienne femme du monde, depuis longtemps très-déclassée et avec qui vous vivez.

SAVARI. Permettez, monsieur ! je connais madame d'Ermont, je la connais même beaucoup, je l'avoue, mais je ne vis pas avec elle.

M. GOURBET. Ne jouons pas sur les mots ; vous êtes son amant.

SAVARI. J'ai dû l'avoir été, mais c'est un avantage partagé avec quelques autres personnes.

M. GOURBET. Soit ! mais vous nous accorderez que ladite personne a un grand luxe ; elle dépense pour sa maison, ses toilettes et ses voitures des sommes considérables, et vous devez contribuer à ce coûteux entretien.

SAVARI. Mon Dieu ! monsieur, je ne suis pas en effet sans avoir dépensé quelque argent pour celle dont vous parlez. Je vous serais seulement obligé de ne rien exagérer. En votre qualité de magistrat, monsieur le juge d'instruction, vous connaissez, aussi bien que moi, tous les coins et recoins de la vie parisienne, toutes ses étrangetés, et vous n'ignorez pas qu'on peut plaire à une femme comme madame d'Ermont sans être absolument obligé de se ruiner pour elle.

M. GOURBET, qui est retourné à son bureau. Vous avez été en relations d'affaires avec Maurice Vidal ?

SAVARI. Oui, monsieur, il a fait pour mon compte plusieurs opérations de Bourse.

M. GOURBET. Qui n'ont pas été heureuses.

SAVARI. Je vous demande pardon, monsieur ; je m'en suis longtemps bien trouvé ; mais la chance a tourné et j'ai fini par perdre une somme assez considérable.

M. GOURBET. A combien se montait-elle ?

SAVARI. A cinquante mille francs environ.

M. GOURBET. Que vous n'avez pu payer, et pour lesquels vous avez souscrit à M. Vidal cinquante mille francs de billets ?

SAVARI. Je le reconnais.

M. GOURBET. Que sont devenus ces billets ?

SAVARI. Vous le savez bien, monsieur, puisqu'on les a retrouvés chez moi.

M. GOURBET. C'est justement cela qui nous étonne. Comment y étaient-ils ?

SAVARI. Par une raison bien simple : je les avais payés et on me les avait rendus.

M. GOURBET. Qui ?

SAVARI. M. Maurice Vidal lui-même.

M. GOURBET. Quand ?

SAVARI. La veille de sa mort, c'est-à-dire le lendemain de l'échéance de mes billets. Permettez-moi, du reste, de vous faire observer que la découverte de ces billets chez moi devrait établir mon innocence de la façon la plus complète. Si j'avais été coupable, ne les aurais-je pas fait disparaître ?

M. GOURBET, se levant. Cela dépend ; vous avez peut-être compté sur l'effet que vous essayez de produire en ce moment.

SAVARI, se levant. De cette façon, monsieur, ma position comme prévenu est assez triste : si on trouve chez moi un objet compromettant, je suis coupable ; si on ne trouve aspect objet, je suis encore plus coupable. C'est une impasse.

M. GOURBET, après un instant de silence s'adressant à Savari. Comment vous êtes-vous procuré cette somme de cinquante mille francs ? (Savari garde le silence.) Ne m'avez-vous pas entendu ? Avez-vous donc besoin de préparer votre réponse ?

SAVARI. Oh ! monsieur, s'il m'eût fallu la préparer, j'aurais eu, depuis le commencement de ce long interrogatoire, tout le temps de le faire. La question que vous m'adressez a une grande importance, et je devais certainement m'y attendre ; je crains seulement que cette réponse ne vous satisfasse pas ; de là mon hésitation.

M. GOURBET. Ah ! votre réponse laissera à désirer ?

SAVARI. Oui, monsieur, à vous qui êtes un homme pratique, dont l'existence est régulière, et qui ne pouvez pas admettre certaines façons excentriques de se procurer de l'argent.

M. GOURBET, il s'assied à son bureau. Voyons ces façons ?

SAVARI, se rasseyant. J'étais très-préoccupé, depuis deux mois, de l'échéance de ma dette envers monsieur Vidal : je le savais assez mal disposé envers moi, et je craignais des poursuites dont le moindre résultat eût été de me déconsidérer. J'eus recours alors à un de ces moyens qui ne sont pas nouveaux, que bien des jeunes gens, à Paris, emploient dans les cas désespérés, mais qui, d'ordinaire, ne leur réussissent pas. Au commencement d'octobre, je vendis différents bijoux et objets d'art, dernières épaves de mes nombreux naufrages, j'empruntai vingt-cinq louis à un ami, trente à un autre. Je parvins à réunir ainsi trois mille cinq cents francs, et je partis avec cette somme pour Spa, où sont installés, monsieur, des jeux de roulette et de trente-et-quarante. Je risquai mille francs dans cette ville, et grâce à une nouvelle...

marche longtemps méditée, je gagnai près de dix mille francs en deux jours. De Spa, je passai en Allemagne, je m'arrêtai à Bade, à Hombourg, à Wiesbaden, et je jouai dans toutes ces villes aussi heureusement que dans la première. Bref, monsieur, après une absence de quelques jours, je revins à Paris le 15 octobre avec une somme de cinquante-cinq mille francs qui m'a servi à rembourser intégralement mon créancier.

M. GOURBET, *allant au greffier.* Prenez note de tous ces chiffres, monsieur... (A Savari.) Continuez, je vous prie.

SAVARI. Voilà mon histoire; elle est au fond des plus simples, mais malheureusement pour moi, comme toutes les choses véritablement simples, elle paraît au premier abord très-compliquée.

M. GOURBET. Très-compliquée, en effet, monsieur. Ce récit n'a même aucune valeur à mes yeux, et ne vous sera d'aucun secours pour votre justification, les faits que vous venez d'avancer ne pouvant être prouvés.

SAVARI. Je vous demande pardon, on peut établir facilement que j'ai quitté Paris dans les premiers jours d'octobre, que je suis descendu à Spa dans un hôtel situé près des Salons de conversation, l'hôtel d'Orange, je crois; mes noms, prénoms et qualités doivent s'y trouver inscrits. A Bade, j'occupais une chambre dans l'hôtel Victoria; à Hombourg, dans l'hôtel de Bellevue. Enfin, j'étais de retour à Paris le 15, au matin; c'est encore facile à vérifier...

M. GOURBET. On le vérifiera, et comment établirez-vous que vous avez gagné cinquante-cinq mille francs?

SAVARI. C'est plus difficile, j'en conviens. Cependant, plusieurs personnes m'ont vu jouer et gagner.

M. GOURBET. Des Allemands, des Belges, des Étrangers... où les retrouverez-vous?

SAVARI. Mon Dieu, monsieur, lorsque j'étais assis en Allemagne devant les tables de trente-et-quarante, je ne pouvais pas deviner que j'allais être, à mon retour en France, accusé d'assassinat, et qu'il me faudrait justifier mon gain au jeu. Si je l'avais prévu, je me serais fait remettre, chaque soir, une attestation en règle par les chefs de partie ou les croupiers.

M. GOURBET, *passant à son bureau.* C'est bien, monsieur, mon greffier va vous soumettre cet interrogatoire et vous inviter à le signer.

SAVARI. Je suis à vos ordres, monsieur.

Il s'approche du greffier qui lui met des papiers sous les yeux, tandis que M. Gourbet est plongé dans ses réflexions.

M. GOURBET, *à part.* Triste moment où un homme a pour mission de prononcer sur la liberté d'un autre homme! Être seul à prendre une si grave détermination.

SAVARI, *au greffier après avoir rapidement parcouru les papiers que celui-ci lui a mis sous les yeux.* Je n'ai rien à dire contre ce procès-verbal, c'est bien le sens de mes réponses.

Il prend une plume que lui tend le greffier et signe.

M. GOURBET. Allons! ma conscience m'ordonne d'agir ainsi. (A Savari qui se tient debout et attend.) Monsieur, cet interrogatoire est loin de m'avoir entièrement satisfait; j'aurais désiré, dans votre intérêt, vous voir éclaircir certains points obscurs dans votre conduite. Mais j'avoue cependant que je n'ai pu recueillir contre vous des preuves assez sérieuses de culpabilité pour vous maintenir en état d'arrestation. Il est probable que sous peu, après avoir vérifié plusieurs de vos assertions, j'ordonnerai votre mise en liberté. Vous pouvez vous retirer.

SAVARI. Je vous remercie, monsieur, et j'ai l'honneur de vous saluer.

Il s'incline et, précédé du greffier, il se dirige vers la porte par laquelle il est entré

SCÈNE VII

M. GOURBET, JULIA, VIBERT.

A peine est-il sorti que Julia sort de la chambre. En même temps, Vibert est entré par le fond et s'est arrêté sur le seuil de la porte. Il observe tous les mouvements de Julia qui s'est avancée vers M. Gourbet.

M. GOURBET, *à Vibert qui entre.* Dans un instant. (A Julia.) Ah! pardon, madame, au milieu de mes préoccupations, j'avais oublié votre présence ici.

JULIA. D'après ce que j'ai pu comprendre, monsieur, vous allez rendre à la liberté la personne que vous venez d'interroger?

M. GOURBET. Oui, madame, probablement.

JULIA. Je regrette cette résolution.

M. GOURBET. Que voulez-vous dire? Avez-vous, dans l'interrogatoire qui vient d'avoir lieu, remarqué quelque chose qui m'ait échappé?

JULIA. Non; mais dès que cet homme est entré il s'est passé en moi quelque chose d'extraordinaire; dès qu'il a parlé, tout mon être a tressailli. Pourquoi, s'il était innocent, me causerait-il une telle émotion?

M. GOURBET. Je l'ignore, mais sur de tels indices, je ne puis me permettre de retenir un prévenu en prison. L'y retiendrais-je, que la chambre des mises en accusation ne tarderait pas à rendre une ordonnance de non-lieu. Veuillez m'attendre un instant, madame, je vais soumettre cette question au procureur général; mais son avis, je le crois, sera conforme au mien. Dans un instant je suis à vous.

Il sort.

SCÈNE VIII

JULIA, VIBERT.

JULIA, *assise près du bureau de M. Gourbet.* Que faire? Le coupable restera-t-il donc impuni?

VIBERT, *qui vient de s'avancer.* Non, madame, si vous daignez me confier vos intérêts.

JULIA, *étonnée, regardant Vibert.* Qui êtes-vous, monsieur?... Tout à l'heure, en vous voyant ici, il m'a semblé vous avoir déjà rencontré.

VIBERT. Il y a six mois, madame, à l'occasion d'un vol commis chez vous.

JULIA. C'est juste... Je me rappelle maintenant.

VIBERT. Je viens encore, madame, me mettre à vos ordres... Mais cette fois, de mon propre mouvement sans mandat, officiel, pour mon compte et le vôtre... (Sur un geste de Julia.) Vous vous demandez quel est le motif qui me fait agir. Il est des plus simples. Votre cause m'intéresse; le mystère qui l'entoure excite ma curiosité et mon zèle. Il me semble que j'ai là une superbe occasion d'arriver à la découverte de la vérité. J'aime la vérité, moi, madame, pour la vérité, pour le plaisir qu'on éprouve à la chercher dans l'ombre, pas à pas. La justice semble renoncer à trouver le meurtrier de votre mari, je m'offre à le chercher avec vous.

JULIA. Avec moi?

VIBERT. N'est-ce pas à vous, du reste, madame, que Maurice Vidal a confié cette mission? Au moment de mourir, à ce moment suprême où une soudaine clarté se fait dans l'esprit, où une sorte de rayonnement divin illumine l'intelligence, votre mari ne songe ni à la justice, ni aux tribunaux chargés de poursuivre les crimes; il semble douter de leurs efforts et de leur puissance. Une seule pensée le domine, une seule: « C'est » elle qui me vengera, elle, ma compagne, ma femme. » Il fait un dernier effort et il écrit avec son sang ces mots significatifs : « Julia, venge-moi. » C'est un ordre qu'il vous donne, une prière qu'il vous adresse, à vous personnellement.

JULIA. En effet; mais que puis-je, là où la justice elle-même s'avoue vaincue, reconnaît son impuissance?

VIBERT. La justice, madame, lorsqu'il s'agit de rechercher un coupable, veut des indices certains, pour ainsi dire matériels. Il lui est interdit d'être superstitieuse. Nous, au contraire, nous ne sommes tenus à aucun ménagement. Nous ne poursuivons pas un homme, une chose, un fait: nous poursuivons une idée.

JULIA. Quelle idée?

VIBERT. La vôtre, madame.

JULIA. Vous partagez mes soupçons sur l'homme qui sort d'ici.

VIBERT. Oui, comme vous, je le crois coupable, et je veux des preuves de sa culpabilité.

JULIA. Mais vous oubliez qu'on va le rendre à la liberté... il peut prendre la fuite.

VIBERT. Non. Ce serait se trahir; il est trop intelligent pour commettre une pareille faute. L'extradition s'obtient aisément lorsqu'il s'agit d'un criminel.

JULIA. Quels moyens emploierez-vous pour obtenir les preuves dont vous parlez?

VIBERT. Avec un adversaire tel que le nôtre, madame, les moyens ordinaires ne peuvent réussir. Il faut quelque stratagème bizarre, original, imprévu. J'ai cherché et j'ai trouvé.

JULIA. Quoi?

VIBERT. Je crains de vous effrayer.

JULIA. M'effrayer! oh! non! Ce qui m'effraye, c'est la pensée que la mort de mon mari ne sera pas vengée!... Parlez... je ne crains rien!...

VIBERT. Malgré le concours que vous trouverez en moi, il vous faudra, de votre côté, déployer une grande énergie.

JULIA. J'en ai beaucoup.

VIBERT. Une grande patience.

JULIA. J'en aurai.

VIBERT. Vous devrez vaincre de légitimes répugnances.

JULIA. Je les vaincrai.

VIBERT. Dans quelques jours, demain peut-être, je serai obligé de vous introduire dans une société qui n'est pas la vôtre... au milieu de gens...

JULIA. Je ne les verrai pas... j'aurai les yeux fixés sur le but que je veux atteindre.

VIBERT. Enfin, le plan que j'ai conçu vous paraîtra insensé, odieux, vous le repousserez d'abord...

JULIA. Qu'importe ! si je l'adopte ensuite et s'il réussit.

VIBERT. Soit ! Albert Savari, madame, n'a jamais eu aucune liaison sérieuse ; il a dépensé sa vie comme beaucoup de jeunes gens de cette génération, à droite, à gauche, de ci, de là ; son imagination a souvent parlé, son cœur n'a jamais battu.

JULIA. Qu'en concluez-vous ?

VIBERT. J'en conclus que s'il n'a jamais aimé, il doit être, plus que tout autre, susceptible d'aimer.

JULIA. Eh bien ! Qui voulez-vous qu'il aime ?

VIBERT. Vous, madame !

JULIA. Moi !

VIBERT. Oui, vous !

JULIA. Moi !...

VIBERT. Il ne vous a jamais vue ! Il ne peut se méfier de vous... Vous changerez de nom ; vous vous rencontrerez, il vous aimera, oui, il vous aimera ! Et il en arrivera, tôt ou tard, à se démasquer et à se trahir. Madame, j'aurai l'honneur de me présenter demain chez vous pour savoir si vous acceptez mes services.

La toile tombe.

ACTE DEUXIÈME

La scène représente un salon élégant chez Pélagie d'Ermont. — A gauche, une grande table recouverte d'un tapis vert. — A droite, un canapé. — Au fond, un piano, surmonté d'une glace sans tain permettant de voir un second salon, éclairé comme le premier. — Des deux côtés, de grandes portes toujours ouvertes communiquant avec le second salon. Par la porte qui est à gauche, on aperçoit une seconde table de jeu toute dressée.

SCÈNE PREMIÈRE
UN DOMESTIQUE, puis VIBERT.

LE DOMESTIQUE, après avoir allumé les bougies qui sont sur la cheminée. Les cartes maintenant ; ces dames sont encore à table et elles parlent déjà de jouer. (Il prend plusieurs jeux de cartes dans un tiroir, et les place sur la grande table de jeu. — Se retournant au bruit que fait Vibert en entrant à droite.) Tiens ! d'où vient-il, celui-là ?... (S'avançant.) Que désirez-vous, monsieur ?

VIBERT. Madame Pélagie d'Ermont.

LE DOMESTIQUE. Madame est à table et elle a du monde. Je ne comprends pas comment monsieur est entré ici. J'avais dit à l'office de ne pas recevoir avant la fin du dîner.

VIBERT. Et on vous a désobéi. C'est une faute que je veux réparer. (Il lui glisse de l'argent dans la main. Pendant que le domestique remercie.) Dites-moi, mon ami, parmi les convives de votre maîtresse, n'avez-vous pas remarqué M. Hector Dumouche ?

LE DOMESTIQUE. Si, monsieur : oh ! M. Dumouche assiste à tous les dîners de ma maîtresse ; il est de fondation.

VIBERT. Je désirerais lui parler.

LE DOMESTIQUE. Si monsieur veut attendre, ce ne sera pas long, on est au dessert.

VIBERT. Non, il faudrait que M. Dumouche consentît à se lever tout de suite de table et à me rejoindre.

LE DOMESTIQUE. Monsieur n'y pense pas ! M. Dumouche quitter la table avant la fin du dîner ! Mademoiselle Palmyre ne le permettrait pas.

VIBERT. Qui appelez-vous mademoiselle Palmyre ?

LE DOMESTIQUE. Une jeune personne à laquelle il s'intéresse.

VIBERT. Eh bien ! comme je ne veux pas exciter la jalousie de mademoiselle Palmyre, vous allez faire passer ce petit mot. (Écrivant au crayon sur un bout de papier.) « On désire entretenir » monsieur Dumouche, homme de lettres, d'une affaire lit- » téraire des plus pressantes. » (A lui-même.) Je le défie bien de résister ; je flatte sa manie. (Remettant le papier au domestique.) Tout de suite, je vous prie.

LE DOMESTIQUE. Je vais essayer, monsieur, mais je doute.

Il s'éloigne.

SCÈNE II
VIBERT, puis DUMOUCHE et PALMYRE.

VIBERT, seul, s'asseyant à la table. Au début de ma carrière on m'a donné plusieurs préceptes que je ne saurais trop me répéter lorsque j'entreprends une nouvelle campagne... » 1° La façon la plus ingénieuse de suivre une personne » sans qu'elle s'en doute, est de la précéder. 2° Ne jamais se » présenter soi-même dans la maison où l'on veut opérer ; se » faire présenter par un tiers afin d'éloigner les soupçons. » Très-bien, avant une heure, Dumouche aura répondu de moi, auprès de madame d'Ermont et de ses hôtes. « 3° Le » meilleur complice, le meilleur auxiliaire qu'on puisse avoir » est celui qui ne sait pas qu'il vous sert et qui ignore ce que » vous voulez. » C'est certain il ne s'agit que de passer de la théorie à la pratique.

PALMYRE, entrant par la gauche, avec Dumouche qu'elle essaye de retenir. Je vous dis que vous n'irez pas. C'est une femme ; je suis sûre que c'est une femme.

DUMOUCHE, essayant de se dégager. Mais non, mais non, ma chère amie, ne soyez pas jalouse, je vous dis qu'il s'agit d'affaires... d'affaires littéraires. (Montrant Vibert.) Tenez, voyez. Allons, retournez auprès de ces dames, je vous rejoins.

PALMYRE. Ne tardez pas trop. Quand vous n'êtes pas là pour me faire des signes, je dis des bêtises tout le temps.

Elle disparaît.

DUMOUCHE, descendant la scène, à part. Et dire que c'est avec des femmes de cette intelligence que j'ai follement dépensé ma jeunesse... et mon talent peut-être. (Regardant Vibert qui s'avance.) Où diable ai-je vu cette figure-là ?

SCÈNE III
VIBERT, DUMOUCHE.

VIBERT, qui a rejoint Dumouche. Excusez-moi de vous avoir dérangé, cher confrère !

DUMOUCHE, à part. Cher confrère !... C'est un homme de lettres. Ayons de la tenue.

VIBERT. Je m'appelle le comte de Rubini. Ce nom ne vous est peut-être pas étranger ?

DUMOUCHE. Mais non, certainement... il me semble. (A lui-même.) Où diable ai-je vu cette figure-là ?

VIBERT. Je suis Italien et j'habite ordinairement Florence, où j'ai publié quelques livres, qui, j'ose le dire, sont assez en faveur. Mais vous paraissez chercher à me reconnaître.

DUMOUCHE. En effet, il me semble...

VIBERT. Que nous nous sommes déjà rencontrés. Vous êtes dans le vrai.

DUMOUCHE. Et il n'y a pas longtemps, si je ne me trompe.

VIBERT. Pas plus tard qu'hier.

DUMOUCHE. Attendez donc, au Palais de Justice, peut-être.

VIBERT. Dans le cabinet de M. Gourbet, juge d'instruction.

DUMOUCHE. C'est cela... Je me souviens maintenant...

VIBERT. Un grand personnage de Florence, qui est de mes amis m'a recommandé à ce magistrat, et il a été pour moi d'une gracieuseté...

DUMOUCHE. C'est un homme charmant, il m'a reçu avec beaucoup de délicatesse. Ah ! M. Rubini, que d'excuses j'ai à vous adresser. Imaginez-vous que d'abord je vous avais pris pour... vous comprenez... au Palais de Justice. Heureusement que je suis observateur, et je n'ai pas tardé à m'apercevoir de mon erreur. Franchement, j'étais intrigué ; car faisiez-vous là, dans un coin ? vous paraissiez prendre des notes.

VIBERT. Justement.

DUMOUCHE. Est-ce que, par hasard, vous voudriez, vous aussi, écrire un roman judiciaire ?

VIBERT. C'est le but de mon voyage en France.

DUMOUCHE. Ah bah ! vraiment ? vous avez eu la même idée que moi ; c'est extraordinaire.

VIBERT. Vous ne m'en voulez pas ?

DUMOUCHE. Vous en vouloir ! je n'ai pas l'âme si petite. (Lui serrant la main.) Il y a place pour deux, cher confrère.

VIBERT. D'autant plus que ces deux pourraient bien ne plus faire qu'un, si le projet que je viens vous soumettre vous convient.

DUMOUCHE. Un projet, voyons...

VIBERT, après s'être assis sur le canapé, auprès de Dumouche. Hier, tandis que vous développiez vos rêves littéraires devant M. Gourbet, je vous écoutais en silence et je me disais : Voici un homme d'esprit et d'une grande valeur intellectuelle.

DUMOUCHE. Permettez...

VIBERT. Non, non... je sais ce que je dis, c'est aussi un travailleur, que rien n'arrête ; il ne se met à l'œuvre qu'après s'être entouré de documents de toutes sortes; il ne néglige aucun détail, il étudie les hommes et les choses, avec un soin extrême... Ah ! si je pouvais joindre mes efforts aux siens, unir le peu de valeur que je puis avoir à son incontestable mérite littéraire. Quels éléments de succès ! Quelle œuvre nous pourrions faire !

DUMOUCHE. Mais permettez ! si je vous comprends bien, vous voudriez collaborer.

VIBERT. Qu'appelez-vous collaborer ? Je ne possède pas toutes les finesses de vore langue.

DUMOUCHE. Collaborer, c'est travailler en commun.

VIBERT. Ah ! eh bien, oui... je l'avoue, quitte à vous paraître indiscret, je viens vous demander de travailler avec moi.

DUMOUCHE, à part. On recherche déjà ma collaboration.

VIBERT. Ah ! je sais bien ce que vous allez me dire : Vous n'avez pas besoin de moi.

DUMOUCHE. Mais...

VIBERT. Ne le niez pas ! eh bien, mon cher confrère, vous avez peut-être tort. Le travail littéraire à deux, voyez-vous, offre de grands avantages. On se complète l'un par l'autre, on se perfectionne, on se stimule. Mon Dieu, nous pouvons bien le reconnaître, personne ne nous entend, on ne trouve pas toujours ce qu'on cherche, l'idée est quelquefois fugitive...

DUMOUCHE. A qui le dites-vous ? la description, le détail, il n'y a rien de plus simple. Ce n'est pas dans le détail que j'admire Balzac. Le détail, c'est l'enfance de l'art. Tenez, moi, hier, chez le juge d'instruction, j'ai tout noté, les deux bureaux, le pupitre sur lequel vous écriviez, les chaises, la hauteur des croisées, enfin, j'ai tout inscrit avec une scrupuleuse exactitude.

VIBERT. Cela doit être très-intéressant.

DUMOUCHE. Enormément, mais c'est du détail. Quant à l'idée, l'idée première de mon roman, je n'ai pu encore la trouver, je cherche, j'inscris, je brode, je brode...

VIBERT. Et vous n'avez pas de canevas ?

DUMOUCHE. Et je n'ai pas de canevas. Je puis bien vous faire cette confidence, à vous qui me comprenez, je n'ai pas de canevas.

VIBERT. Si je vous comprends ! Eh bien ! cher confrère, ce qui vous manque, je vous l'apporte.

DUMOUCHE. Vraiment ! vous m'apportez une idée !

VIBERT, se levant et passant à gauche. Une idée ! allons donc ! je vous en apporte dix, vingt, cent, mille, ce que vous voudrez.

DUMOUCHE, se levant et le suivant. Vous avez donc une de ces imaginations...

VIBERT. De l'imagination, pour quoi faire ? De nos jours, cher monsieur, elle est complètement inutile, je dirai plus, elle est embarrassante. On n'invente plus en littérature : on décalque, on photographie, on peint ; un livre n'a de chance de succès que si l'on peut dire : « C'est le portrait de madame B... que l'auteur nous a tracé. Ce scandale est arrivé dans le salon de la marquise de R.... L'héroïne, cette femme éhontée, c'est la blonde madame T.... » alors, on se précipite chez l'éditeur, on lit, on dévore, on se reconnaît et on reconnaît surtout son voisin. Croyez-moi, pour obtenir un succès, pour faire une œuvre vraiment forte, il faut la vivre ou la voir vivre près de soi, passer par les émotions que l'on dépeint, partager les passions des personnages qu'on met en scène, et souffrir de leurs maux.

DUMOUCHE. Vous m'émotionnez, vous ! mais vous avez mille fois raison. C'est la seule façon de travailler. Et dire que moi ! moi ! qui ai vu se dérouler, sous mes yeux, tant d'intrigues, moi qui suis observateur, je n'ai jamais songé.

VIBERT. Parbleu ! pour quel motif auriez-vous regardé vivre les autres ? vous aviez le plaisir de vivre. Mais moi, monsieur, je n'ai jamais été jeune. Aussi, au lieu d'être, comme je l'aurais tant voulu, acteur dans la vie, j'ai été réduit à me faire simple spectateur. J'ai pris ma stalle au bureau, je me suis assis, j'ai regardé, puis un jour, j'ai voulu rendre ce que j'avais vu, et je suis devenu écrivain.

DUMOUCHE. Mais je veux le devenir aussi écrivain, et procéder comme vous... J'ai assez vécu, que diable ! Il y a déjà cinq ou six ans que j'aurais dû prendre ma stalle ! j'ai perdu mon temps.

VIBERT, allant à la cheminée. Eh bien ! regagnez le temps perdu, travaillez... travaillons... Je puis vous aider de mon expérience, vous guider dans le choix de votre sujet, et vous, pouvez réaliser un de mes rêves: c'est-à-dire me donner les moyens d'écrire un livre en français, car tous mes ouvrages sont écrits en italien, je n'ai pas osé aborder votre langue, la seule qui soit universelle, cependant.

DUMOUCHE, s'asseyant sur le canapé. Sans doute je... c'est que...

VIBERT. Je dois du reste vous prévenir que je ne suis pas un de ces collaborateurs qui tirent à eux toute la couverture. Le nom que je porte : Comte de Rubini, m'interdit de signer mes ouvrages.

DUMOUCHE. Vraiment ! je signerais seul !... sur les affiches on ne lirait que ce nom : Dumouche, Dumouche, Dumouche.

VIBERT. Rien que Dumouche, je vous le demanderais comme un véritable service.

DUMOUCHE. Mais c'est entendu, cher confrère, c'est entendu, je n'ai rien à vous refuser.

VIBERT, lui serrant la main. Merci, je vois que je ne m'étais pas trompé : vous avez autant de cœur que de talent.

DUMOUCHE. Vous êtes trop bon. (A lui-même.) Il a énormément d'esprit, ce gaillard-là. Alors, nous nous mettons tout de suite à l'œuvre, n'est-ce pas ? je n'ai que trop perdu de temps ! Nous allons chercher le sujet, l'idée.

VIBERT. Oui, avec plaisir, un de ces jours.

DUMOUCHE. Comment, un de ces jours ! mais ce soir même. Avec votre façon de procéder, nous trouverons dans ce salon, au milieu de la société un peu mêlée que reçoit madame d'Ermont, nous trouverons mille sujets de roman.

VIBERT. C'est certain. Mais j'étais si pressé de vous voir, de vous rencontrer, que j'ai négligé quelques affaires, et...

DUMOUCHE. Oh ! il n'y a pas d'affaire qui puisse passer avant notre collaboration... Je vous tiens, je ne vous lâche plus, je vais vous présenter à Pélagie.

VIBERT. Non, non... je vous assure. Je ne suis pas seul à Paris, j'accompagne deux dames, deux artistes, et je ne puis pas les laisser seules à l'hôtel.

DUMOUCHE. Eh bien ! courez les chercher et amenez-les !

VIBERT. Vous n'y songez pas... vous-même, venez de me dire que nous allions nous trouver dans une société un peu.

DUMOUCHE. Cette société va se mettre à jouer dans un instant et elle fera fort peu attention à vos compagnes. Est-ce qu'à Bade et à Hombourg on ne rencontre que des femmes honnêtes? non, n'est-ce pas ? et cependant les plus grandes dames ne craignent pas de s'asseoir devant les tables de trente-et-quarante. Un salon où l'on joue est un terrain neutre. Vos artistes viendront ici en qualité de curieuses; voilà tout !... Du reste, mon cher, quand il s'agit de travail, il n'y a pas de convenances sociales qui tiennent. Voyons, est-ce entendu ?

VIBERT. Si vous croyez que la présence de ces dames ne sera pas remarquée.

DUMOUCHE. Mais non, mais non. Puis, somme toute, la maîtresse de la maison est une ancienne femme du monde, un peu déclassée, il est vrai, mais c'est une femme du monde. Ah ! il me semble qu'on se lève de table, oui, j'entends du bruit. Venez, je vais vous présenter. (Il l'entraîne.) Dire qu'hier je vous avais pris pour...

VIBERT. C'était dur...

DUMOUCHE. C'était écrasant !

Ils s'éloignent par la droite ; au moment où ils vont disparaître, Palmyre paroît au fond, suivie par plusieurs personnes.

PALMYRE, appelant. Hector ! Hector ! (Apercevant Dumouche.) Où allez-vous ?

DUMOUCHE. Je vais prendre ma stalle !

Il sort majestueusement.

SCÈNE IV

PALMYRE, LE PETIT VICOMTE, ADÈLE, LÉONIDE.

PALMYRE, allant s'asseoir à la table de jeu. Sa stalle !... je ne comprends pas.

LE PETIT VICOMTE, qui s'est approché d'elle. Vous essayez de comprendre quelque chose, ma chère Palmyre. Ah ! quelle imprudence !

Il rejoint Léonide et Adèle qui viennent d'entrer et se sont approchées de la cheminée.

LÉONIDE. Le dîner de Pélagie n'est pas trop mauvais.

ADÈLE, gagnant la table de jeu. Oh ! il aurait pu être meilleur : elle arrive de Hombourg où elle a fait sauter la banque.

LÉONIDE, allant au canapé. Que veux-tu ? elle fait des économies, au prix où sont les loyers et les voitures.

LE PETIT VICOMTE, se penchant vers elles. Pourquoi avez-vous des voitures ?

LÉONIDE. Parce que vous ne feriez pas attention à nous, mon cher, si nous n'en avions pas. Pour plaire aux hommes de notre génération, la beauté ne sert plus à rien.

LE PETIT VICOMTE. Lorsqu'elle a servi trop longtemps.

LÉONIDE. Pour qui dites-vous cela ? ce n'est pas pour moi j'imagine. Mon âge est connu, je suis de 1845, calculez.

LE PETIT VICOMTE. Oh! vous savez bien que je ne calcule jamais avec les femmes.

LÉONIDE. Vraiment! décidément il n'y a plus d'enfants, c'est encore mineur, et...

LE PETIT VICOMTE. Mineur, moi! vous n'avez donc pas lu ma circulaire? je l'ai cependant répandue à profusion dans Paris... Je vais avoir le plaisir de vous en donner lecture... (Il tire de sa poche un papier imprimé dont il fait lecture à haute voix, au milieu de la scène.) « Le vicomte Arthur de Fontelle, habi-
» tuellement appelé le Petit vicomte, a l'honneur de prévenir
» ses nombreuses connaissances, qu'il a atteint sa majorité
» le 10 courant. On peut donc lui gagner de l'argent au jeu,
» lui faire crédit ou le ruiner. Le vicomte Arthur de Fontelle
» est dorénavant seul responsable de ses actes... » Voilà pour qu'on n'en puisse ignorer.

ADÈLE, assise à la table avec Palmyre. Elle est drôle, celle-là!

LÉONIDE, prenant le bras du petit vicomte. Décidément, cher vicomte, vous gagnez à être connu.

LE PETIT VICOMTE. C'est comme vous, chère amie, vous y avez gagné un hôtel et des voitures.

LÉONIDE. Oh! ne me reprochez pas mon luxe! j'étais née pour être honnête.

LE PETIT VICOMTE, à lui-même. On l'aura changée en nourrice, alors.

LÉONIDE. Si mon mari ne m'avait pas abandonnée!

LE PETIT VICOMTE. C'est vous qui l'auriez quitté.

LÉONIDE, s'éloignant. Impertinent!

LE PETIT VICOMTE, se tournant vers Palmyre qui s'est approchée. Et vous, Palmyre, avez-vous compris ce que je viens de lire?

PALMYRE. J'ai compris que puisque vous étiez majeur, vous entriez en possession de votre fortune.

LE PETIT VICOMTE. Vraiment! vous avez trouvé cela toute seule! Qu'est-ce qui vous souffle?

PALMYRE. Personne. Alors vous allez jouer ce soir?

LE PETIT VICOMTE. Mais oui, je savoure ce projet.

PALMYRE. Vous avez apporté beaucoup d'argent?

LE PETIT VICOMTE. Eh! eh! quelques billets de mille.

PALMYRE. Faites voir.

LE PETIT VICOMTE. Non, ça les intimiderait.

PALMYRE. Voulez-vous vous associer?

LE PETIT VICOMTE. Vraiment! Êtes-vous innocente?... Tiens! tiens! mais, au fait, le proverbe ne dit-il pas : « Aux innocents les mains pleines. » J'accepte l'association.

PALMYRE, riant d'un air bête. Eh! eh!

Elle s'éloigne.

LE PETIT VICOMTE, la regardant. Ah! elle est complète!... Je ne pourrais pas trouver un meilleur fétiche. (Haut.) Ah çà! puisqu'on parle de jouer, avec qui joue-t-on ce soir? Qui attend-on?

LÉONIDE, assise sur le canapé. La maîtresse de la maison pourra seule nous renseigner. Mais elle a disparu depuis le dîner. (Appelant.) Pélagie! où es-tu, Pélagie?

DUMOUCHE, entrant par le fond. Elle va venir.

SCÈNE V

LES MÊMES, DUMOUCHE.

PALMYRE, à Dumouche. Ah! vous voilà, enfin. Qu'êtes-vous devenu?

DUMOUCHE, mystérieusement à Palmyre. Ma chère enfant... je voulais vous écrire, ma situation est complétement chan-gée... le travail... Calmez-vous, il ne faut pas que ça vous chagrine, nous n'en serons pas moins bons amis... Mais vous comprenez, je vous ai inventée, ma tâche est accomplie. Ainsi donc, à partir de ce soir, je vous rends votre liberté et je reprends la mienne... Je deviens un homme sérieux. (A haute voix.) Oui, je deviens un homme sérieux.

LÉONIDE, assise sur le canapé. Un homme sérieux, vous!... à votre âge! Mais vous n'avez plus le temps.

ADÈLE, à la table de jeu. Un homme sérieux, Dumouche.

PALMYRE, riant d'un air bête. Eh! eh!...

Elle remonte et sort à gauche.

DUMOUCHE, la regardant. Allons, allons, elle n'ira pas jusqu'au suicide.

LÉONIDE. Dumouche, puisque vous êtes de la maison, di-tes-nous donc quelles sont les personnes que Pélagie attend ce soir?

LE PETIT VICOMTE, assis à la table. Voyons, Dumouche, pas de mystère.

DUMOUCHE. Elle attend... Cordier.

ADÈLE. Oh! celui-là ne compte pas. Il va se coucher lors-qu'il a perdu cinq louis. C'est comme vous.

DUMOUCHE. Moi, je vais me coucher avant; cela me rap-porte vingt-cinq mille francs par an.

ADÈLE. Qui attend-on encore?

DUMOUCHE. Riboisier...

LÉONIDE. Le roi des ponts.

DUMOUCHE. Calvet et le comte de Rubini.

ADÈLE. Le comte de Rubini?

LÉONIDE. Je ne le connais pas.

LE PETIT VICOMTE. D'où sort-il?

DUMOUCHE. D'Italie, en droite ligne...

LÉONIDE. Vous le connaissez?

DUMOUCHE. Parfaitement! C'est un ancien ami à moi. Un garçon que j'ai inventé à Naples. Je viens de le présenter à Pélagie.

LÉONIDE. Il est riche?

DUMOUCHE. Très-riche. (A part.) Faisons-le valoir.

ADÈLE. Il joue?

DUMOUCHE. Énormément.

LÉONIDE. Il perd?

DUMOUCHE. Toujours. Une déveine écrasante.

ADÈLE. Charmant homme alors! Est-ce qu'il va bientôt arriver?

DUMOUCHE. Dans un instant... Il est allé à l'hôtel, cher-cher deux dames, deux artistes avec qui il voyage.

LE PETIT VICOMTE. Des artistes! de vraies artistes. Ici!

LÉONIDE. Pourquoi pas? Croyez-vous qu'elles seront dé-placées parmi nous? Ne sommes-nous pas, toutes, plus ou moins mariées?

LE PETIT VICOMTE. Moins surtout.

Il s'éloigne, puis sort par la gauche.

DUMOUCHE, qui s'est éloigné, à lui-même, appuyé sur la cheminée. Ru-bini m'a dit de regarder autour de moi; je regarde et je ne trouve pas mon intrigue, mon héros surtout.

ADÈLE. Ah! voilà Pélagie!

SCÈNE VI

LES MÊMES, PÉLAGIE.

Les trois femmes vont à sa rencontre.

PÉLAGIE, au milieu de la scène. Mesdames, j'ai à vous annoncer une bonne nouvelle.

LÉONIDE. Laquelle?

PÉLAGIE. Je viens de recevoir un mot de notre ami à tous : Albert Savari. Il m'apprend qu'il sera des nôtres ce soir.

TOUTES. Bravo!

DUMOUCHE, qui vient de s'avancer, vivement. Savari! Savari, parmi nous? C'est impossible!

PÉLAGIE. Pourquoi cela, impossible?

DUMOUCHE. Il est compromis dans une affaire des plus graves, affaire où je suis cité moi-même comme témoin, pour demain mardi. Savari, ici, c'est impossible!

LÉONIDE, ADÈLE et PALMYRE, l'une après l'autre. Silence, Du-mouche!

DUMOUCHE, à Palmyre. Pardon. Je n'accepte plus vos ob-servations. Il n'y a pas à dire, tout est rompu, vous le savez bien. Ah! mais, c'est comme cela.

PÉLAGIE, à Dumouche. Vous n'avez donc pas lu les journaux de ce soir?

DUMOUCHE. Est-ce que j'ai le temps?

PÉLAGIE. Vous y auriez vu que Savari, arrêté à la suite d'un mal-entendu, a été mis depuis hier en liberté.

DUMOUCHE. En liberté! Me faire perdre une si belle occasion d'être témoin! Il se laisse tomber sur le canapé.

ADÈLE, à Pélagie et à Léonide. Je l'ai rencontré aujourd'hui, il est bien changé.

LÉONIDE. On le serait à moins.

PÉLAGIE. Être traîné en prison lorsqu'on est blanc comme neige!

LÉONIDE. Savari, le meilleur garçon de la terre, com-mettre un crime? Quelle folie!

PÉLAGIE. Si vous voulez, pour lui témoigner la part que nous avons prise à ses ennuis, nous irons à sa rencontre, dès qu'il entrera.

LÉONIDE. C'est entendu, nous lui serrerons la main pour protester contre l'injustice dont il a été victime.

ADÈLE. En attendant, si nous jouions.

LÉONIDE. Rien ne nous empêche. D'ailleurs vous me devez une revanche.

Elles vont s'asseoir à la table de jeu. Pendant ce temps un domestique vient parler à Pélagie, puis se retire.

DUMOUCHE, se frappant tout à coup le front. J'ai trouvé! Je tiens l'idée!... l'intrigue! l'action!... (Se levant.) Où est-il?

En passant il marche sur la robe de Pélagie.

PÉLAGIE. Maladroit!...
DUMOUCHE. Où est-il ?
PÉLAGIE. Qui ?
DUMOUCHE. Mon coll... non, mon ami, le comte de...
PÉLAGIE. On m'annonce qu'il vient d'arriver avec deux dames qu'il accompagne. Allez les rejoindre, vous les trouverez dans le petit salon.
DUMOUCHE. J'y cours! Ah! quelle idée! quelle idée!

Il sort.

SCÈNE VII

LES MÊMES, moins DUMOUCHE, LE PETIT

VICOMTE, *rentrant.*

PÉLAGIE, *au vicomte.* Que fait-on de l'autre côté, la partie est-elle organisée?
LE PETIT VICOMTE. Ils jouent un jeu d'enfer.
PÉLAGIE. Je vais voir cela.

Elle sort.

LÉONIDE. Eh bien, vicomte, voulez-vous vous intéresser dans mon jeu?
LE PETIT VICOMTE, *allant s'asseoir sur le canapé.* Non, j'ai une associée; Palmyre joue pour moi et je suis bien tranquille.
PALMYRE, *venant du fond, au petit vicomte.* Je n'ai plus d'argent.
LE PETIT VICOMTE. Quoi! vous avez déjà perdu l'argent de l'association?
PALMYRE. Non, je ne l'ai pas perdu, on me l'a gagné.
LE PETIT VICOMTE, *lui remettant un billet de banque.* Tenez! prenez! Quand on fait des réponses comme celle-là, on doit avoir de la veine. Jouez.
PALMYRE, *à elle-même.* Jouer... allons donc! (*Elle met le billet dans son porte-monnaie.*) C'est ainsi que je comprends l'association.

Elle retourne vers le fond, le petit vicomte va à la table de jeu.

SCÈNE VIII

LES MÊMES, VIBERT, DUMOUCHE.

DUMOUCHE, *à Vibert. Ils entrent par la droite et se dirigent vers le canapé.* Pourquoi donc ces dames ne viennent-elles pas dans ce salon?
VIBERT. Elles préfèrent pour l'instant rester de l'autre côté. Il y a moins de monde. Vous comprenez, elles sont un peu dépaysées ici; des artistes...
DUMOUCHE. Très-bien! très-bien! Ah! mon cher confrère, comme vous aviez raison de dire que pour trouver un sujet de roman il ne s'agissait que de regarder autour de soi. J'ai regardé et je tiens déjà une idée superbe. Avez-vous entendu parler d'un crime qui a été commis tout dernièrement dans une maison de la rue de la Paix?
VIBERT. Oui, il me semble, vaguement.

Ils s'asseyent sur le canapé et causent.

LÉONIDE, *à la table de jeu.* Je passe la main.
LE PETIT VICOMTE. Je la prends.
ADÈLE. Alors, je fais banquo.
LE PETIT VICOMTE. Où est votre argent?
ADÈLE. Je le donnerai si je perds.
LE PETIT VICOMTE. Non, je vous prie d'éclairer. Je ne tiens le coup que si vous éclairez, je n'aime pas à jouer dans l'obscurité.

Il s'assied et joue.

VIBERT, *à Dumouche.* Il s'appelle Albert Savari?
DUMOUCHE. Oui, et vous le verrez ici, dans un instant. Ah! mon cher Rubini, quel charmant héros de roman. Quel aimable mauvais sujet. Avec un type comme celui-là, notre livre aura un succès écrasant auprès des femmes. C'est une trouvaille, je vous dis que c'est une trouvaille.
LÉONIDE, *au petit vicomte, à la table de jeu.* Vous n'avez pas honte de nous gagner ainsi tout notre argent?
LE VICOMTE. Moi? Mais, chère amie, je ne suis ici que pour cela. Si vous croyez que je joue pour m'amuser.
DUMOUCHE, *à Vibert.* On n'invente pas, mon cher Rubini, dans le temps où nous sommes. On décalque, on photographie, on peint. Pour faire un roman, il faut le vivre! Il faut le vivre, entendez-vous, Rubini?
VIBERT. J'entends bien, vous me proposez d'étudier ses moindres actions. Mais à quoi cela nous servira-t-il s'il est innocent?
DUMOUCHE. Qu'importe! nous le supposerons coupable.

Qu'est-ce que cela fait, puisque nous changerons son nom; nous n'en aurons pas moins trouvé pour notre livre un type ravissant.
VIBERT, *se levant.* Mais si par hasard nous arrivions à découvrir qu'il est coupable, ne craignez-vous pas qu'on ne nous accuse...
DUMOUCHE. Mais non, Rubini, mais non! Nous garderons notre secret pour nous. Loin de moi la pensée de faire les affaires de la justice; nous travaillerons pour l'art, rien que pour l'art.
LE PETIT VICOMTE, *à la table.* Il y a trois louis.
ADÈLE. Banquo!
DUMOUCHE, *se levant.* Dire que vous avez des scrupules de ce genre, des délicatesses charmantes et qu'hier, au Palais de Justice, je vous avais pris... J'en rirai toute ma vie!...
VIBERT. Et moi donc!

SCÈNE IX

LES MÊMES, PÉLAGIE, *venant du fond.*

PÉLAGIE, *entrant par le fond, à gauche et s'approchant de la table de jeu.* Mesdames, quittons le jeu pour un instant, je n'attends plus que Savari et on vient de sonner.
TOUTES LES FEMMES. Oui! oui! Tout de suite.
DUMOUCHE, *à Vibert.* Si vous adoptez mon idée, dans un instant je me mets à l'œuvre.

Il lui tend la main.

VIBERT. Puisque vous l'exigez?
DUMOUCHE. Bravo! (*A lui-même, tandis que Vibert s'éloigne vers le fond.*) J'arriverai!

SCÈNE X

LES MÊMES, SAVARI.

Tous vont à la rencontre de Savari et lui serrent la main.

SAVARI. Mesdames, je vous remercie. Votre accueil me touche profondément, mais reprenez vos places, je vous en conjure.

Il cause avec Pélagie tandis que chacun retourne à la table de jeu. Vibert et Dumouche sortent par le fond, à droite.

PÉLAGIE, *à Savari au milieu de la scène.* Ah! que je suis contente de vous revoir! si vous saviez la part, que j'ai prise à ce qui vous est arrivé... Vous n'allez pas jouer, ce soir?
SAVARI. Je ne viens que pour cela et je jouerai le plus gros jeu possible, j'ai besoin de me distraire.
PÉLAGIE. Qu'est-ce qui vous tourmente? On vous laisse tranquille maintenant.
SAVARI. Si vous croyez qu'on passe impunément par les ennuis que j'ai traversés. Il en reste un fond de tristesse que je veux essayer de dissiper. (*S'approchant avec Pélagie de la table de jeu.*) Est-ce une belle partie?
LÉONIDE. Nous ne sommes que trois, nous commençons.

A ce moment Julia appuyée sur Marietta, paraît au fond. Vibert les suit. Savari, qui regarde jouer, ne les voit pas entrer.

SCÈNE XI

LES MÊMES, JULIA, MARIETTA, VIBERT.

VIBERT, *bas à Julia.* Il est ici.
JULIA. Je le sais.
PÉLAGIE, *qui les a aperçus et qui les rejoint.* Si vous désiriez, mes dames, prendre part au jeu, on s'empresserait de vous faire place.
MARIETTA. Je vous remercie, madame, ni moi ni mon amie, ne jouons. Soyez assez bonne pour ne pas vous occuper de nous...

Elles vont s'asseoir sur le canapé.

ADÈLE, *à la table de jeu.* Pélagie, il y a un banquo de dix louis, le fais-tu?
PÉLAGIE. Oui, je viens.

Elle se dirige vers la table de jeu.

MARIETTA, *à Julia.* Je souffre de te voir ici, dans ce monde, au milieu de ces femmes.
JULIA. Ces femmes, je ne suis pas avec elles; je ne les vois pas, je ne les entends pas! (*Se penchant à l'oreille de Marietta.*) Je suis avec celui qu'on a lâchement assassiné, il se penche en ce moment vers moi, et me dit : « Je te remercie d'avoir, pour » m'obéir, vaincu toutes tes répugnances, d'avoir quitté mon

» deuil, d'avoir osé venir ici. Je serai vengé par toi.
» Merci... »

En ce moment Savari, qui était debout près de la table de jeu, se retourne, promène les yeux autour de lui, aperçoit Julia, et fixe sur elle son regard. Julia lève aussitôt la tête et regarde Savari.

VIBERT, qui observe Julia. Elle ne baisse pas les yeux devant lui, son regard reste impassible. (Se tournant vers Savari.) Mais lui, quelle impression a-t-il éprouvée ?

Il quitte sa place et se glisse peu à peu derrière Savari que Pélagie vient de rejoindre

PÉLAGIE, à Savari, en le rejoignant. Eh bien ! je croyais que vous vouliez jouer.

SAVARI. Tout à l'heure, la partie n'est pas encore sérieuse. Mais dites-moi, quelle est cette jolie personne, assise là-bas ?

PÉLAGIE. J'étais bien sûre que vous la remarqueriez.

SAVARI. Parbleu ! elle a des yeux adorables ; elle vient de me regarder et je suis tout ébloui. (Regardant Julia.) Quel délicieux profil ! Quelle pureté de lignes ! qui est-elle ? vous ne m'avez pas répondu.

PÉLAGIE. C'est une artiste. Elle est venue ici par curiosité je crois, avec une ami intime de Dumouche, le comte de Rubini.

SAVARI. C'est un nom italien cela ? Est-ce que cette dame est Italienne ?

PÉLAGIE. Oui. Elle est, dit-on, Napolitaine.

SAVARI. Ah !

PÉLAGIE. Qu'avez-vous ?

SAVARI. On assure que les Italiennes portent malheur, et comme je vais jouer...

PÉLAGIE. Pouvez-vous être superstitieux à ce point !

SAVARI. Je ne serais pas joueur si je n'étais pas superstitieux... Au fait, présentez-moi à cette dame, c'est un moyen de conjurer le sort.

PÉLAGIE. Je vais vous présenter au comte, qui vous présentera à son tour.

Elle cherche Vibert, l'aperçoit près d'elle et lui fait un signe. Ils causent tous les trois.

DUMOUCHE, qui apparaît venant du fond, son crayon et son carnet à la main. J'ai décrit tout le mobilier. Faisons maintenant le portrait des individus. Mon héros d'abord, Savari.

Il s'assied au fond et écrit, tout en regardant de temps à autre Savari.

VIBERT, à Savari, Mais comment donc, monsieur, avec le plus grand plaisir ! Si vous voulez bien me suivre. (Ils quittent Pélagie qui retourne à la table de jeu, et ils s'avancent tous les deux vers le canapé où Julia et Marietta sont assises. Vibert s'adressant à Julia.) Permettez-moi de vous présenter monsieur Albert Savari, le meilleur ami de la maison où l'on nous offre une si charmante hospitalité.

SAVARI, après s'être incliné devant Julia. Vous êtes depuis peu de temps à Paris, madame ?

JULIA. Oui, monsieur, depuis trois jours seulement.

Ils continuent à causer à voix basse.

SCÈNE XII

Les Mêmes.

LÉONIDE, à Dumouche qui est assis au fond et écrit. Dumouche, prenez-vous la main ?

DUMOUCHE. Non, non, je ne joue pas. Combien à la banque ?

LÉONIDE. Vingt louis.

DUMOUCHE. Alors je mets deux francs cinquante centimes.

LE PETIT VICOMTE. C'est une plaisanterie, n'est-ce pas ? je tiens tout.

DUMOUCHE, reprenant son argent. C'est autant de sauvé.

Il retourne au fond et écrit.

SAVARI, à part, en quittant Julia devant qui il s'est incliné. Quelle distinction ! quel charme ! et en même temps, il y a dans son regard, dans toute sa personne... quelque chose de bizarre, d'étrange.

JULIA, à Vibert, continuant avec lui une conversation commencée. Pourquoi ne partirais-je pas maintenant ? La présentation a eu lieu. Vous n'avez plus besoin de moi.

VIBERT. Plus que jamais, madame.

JULIA. Que comptez-vous donc faire ?

VIBERT. Je compte jouer contre lui, et dans l'intérêt de nos projets, il faut qu'il perde.

JULIA. Eh bien ! je ne puis vous servir à rien.

VIBERT. Au contraire.

JULIA. Je vous ai dit que je vous obéirais aveuglément. Que faut-il faire ?

VIBERT. Veuillez vous lever, vous approcher de la table de jeu et vous placer de telle sorte que votre regard se croise

sans cesse avec celui de mon adversaire. Avant une heure j'en suis persuadé, j'aurai atteint mon but.

JULIA, se levant. Soit ! (A Marietta.) Viens avec moi.

Elles se rapprochent peu à peu de la table de jeu. Tous les personnages en scène sont assis à cette table ou debout près de là. On joue au baccarat. Savari tient la banque, il est assis au bout de la table du côté gauche. Dumouche seul est à l'écart et écrit.

LE PETIT VICOMTE, abattant son jeu. Encore perdu avec sept, c'est désolant !

ADÈLE. Ah ! c'est insupportable !

SAVARI. Faites vos jeux, je vous prie.

VIBERT, qui s'est approché. Reste de banque, si vous le permettez, monsieur, sur ce tableau.

Il montre la gauche.

SAVARI. C'est votre droit, monsieur.

LÉONIDE. A la bonne heure, la partie va s'animer.

Julia debout près de Vibert, regarde fixement Savari qui paraît troublé.

VIBERT. Vous n'avez pas encore regardé votre jeu, monsieur... donnez-vous cartes ?

SAVARI, prend son jeu le regarde et dit le mettant sur la table. Non, monsieur : j'ai huit.

VIBERT, abattant son jeu. Et moi, monsieur, j'ai neuf !

TOUS. Oh !

LÉONIDE. C'est trop fort !

SAVARI, à Vibert montrant l'argent qui est devant lui. Tout vous appartient, monsieur, puisque vous avez fait reste de banque. Si vous désirez ma place, je vous la cède.

Il se lève. Vibert prend sa place. Julia et Marietta passent dans le salon du fond.

SCÈNE XIII

Les Mêmes, moins JULIA et MARIETTA.

SAVARI, debout près de la table de jeu, à Pélagie. Vous le voyez, j'avais raison. Je gagnais, votre Italienne est venue, et j'ai perdu. Je m'explique maintenant pourquoi son regard m'impressionnait si vivement : il porte malheur.

PÉLAGIE. Si vous avez cette conviction, ne jouez plus.

SAVARI. Elle s'est éloignée .. son influence va disparaître. Du reste, je l'ai dit, j'ai besoin de mouvement, d'émotion. (A Vibert qui tient les cartes.) Je fais vingt louis, monsieur.

Le jeu continue.

DUMOUCHE, assis sur un canapé son carnet à la main. Savari est très-réussi. J'ai inscrit tout ce que je savais sur lui. Si maintenant je m'occupais de ces dames... Oui, je vais me donner le plaisir de taper sur elles à cœur-joie ; je me rattraperai. S'il leur arrivait de se retrancher derrière le mur de la vie privée, je leur répondrais : Un mur, allons donc ! c'est à peine si vous possédez une haie ou un saut-de-loup. En tout cas, mon existence a été tellement mêlée à la vôtre, que votre mur et le mien sont mitoyens. J'ai le droit d'échelle.

SCÈNE XIV

Les Mêmes, PALMYRE.

PALMYRE, venant du fond et s'approchant de Dumouche. Tiens ! qu'est-ce que fait donc mon inventeur ? (Elle s'avance, sur la pointe des pieds, et elle lit par-dessus l'épaule de Dumouche ce qu'il écrit.) Vous écrivez ?

DUMOUCHE, se levant. Oui, madame, je suis un homme de lettres.

PALMYRE. Je n'ai jamais rien lu de vous. Vous ne signez pas alors ?

DUMOUCHE. Je signe : Un anonyme. Toutes les fois que vous verrez sur la couverture d'un livre : Par un anonyme, vous pouvez hardiment vous dire, c'est de Dumouche. (Il s'éloigne gravement.) Madame, j'ai l'honneur de vous saluer.

SCÈNE XV

Les Mêmes, PÉLAGIE, puis JULIA et MARIETTA.

PÉLAGIE, qui s'est approchée de Savari. Que faites-vous ?

SAVARI. Je gagne depuis un instant... Je vous l'avais bien dit, du moment qu'elle n'était point là.

PÉLAGIE. Alors, ne jouez plus, la voici.

Julia entre dans le salon et va se placer derrière la chaise de Vibert, à gauche de la table.

SAVARI, assis, en face, à droite, après un moment d'hésitation. Eh bien ! non ! Il ne sera pas dit que je me laisserai intimider par un regard de femme ! (Haut à Vibert qui tient toujours la banque.) Je fais reste de banque, monsieur, de mon côté !

VIBERT. A merveille !

SAVARI. Vous me permettrez de vous devoir. Je n'ai plus assez d'argent.

VIBERT. Mais comment donc ! avec le plus grand plaisir. (Après avoir distribué des cartes et regardé son jeu.) J'en donne.

SAVARI. J'en prends.

VIBERT. Voilà un six. (Abattant son jeu.) Je me tiens à cinq.

LE PETIT VICOMTE. Ce n'est pas le jeu, lorsqu'on donne un six.

VIBERT. Qu'importe, si j'ai gagné ! et je dois avoir gagné.

SAVARI. En effet, monsieur, j'ai baccarat. Ah ! vous aviez raison de dire que madame vous portait bonheur. Quitte ou double, si vous le voulez bien ?

VIBERT. Certainement.

PÉLAGIE, bas à Savari, tandis que Vibert donne les cartes. Mais vous êtes fou !... Je ne vous reconnais plus.

SAVARI. Je me reconnais encore moins.

Il prend les cartes que lui donne Vibert.

PÉLAGIE, à part. Il perdra des sommes considérables, si je n'arrête pas le jeu. (A Dumouche qui revient du fond, son crayon dans une main, son carnet dans l'autre, pensif et songeur.) Le souper est-il servi ?

DUMOUCHE. Il l'est ! (Parlant et écrivant.) Deux candélabres, huit bougies. Sur la table, près d'un magnifique homard, un pâté de foie gras. Dans les carafes, du champagne frappé...

PÉLAGIE, l'arrêtant. Comment ! mais nous n'avons rien de tout cela à souper !

DUMOUCHE. Je le sais bien, mais je ne puis décrire un souper comme le vôtre, il est trop simple. J'en ai inventé un autre ; je produirai plus d'effet sur le lecteur.

PÉLAGIE. Quel lecteur ? Mais, Dumouche, vous avez quelque chose là, mon bon ami.

Elle lui met un doigt sur le front.

DUMOUCHE, avec exaltation. Oh ! oui ! j'ai quelque chose là ! Et on le verra avant peu ! Oh ! la folle du logis, ne t'éloigne pas.

Il se dirige vers le fond en écrivant.

PÉLAGIE, s'approchant des joueurs. Mesdames, le souper vous attend.

LÉONIDE, se levant. Le souper, bravo ! bonne nouvelle !

LE PETIT VICOMTE, à Léonide en se levant aussi. Comme il faut que vous gagniez, pour mettre tant d'empressement à quitter le jeu.

LÉONIDE. Moi ! je perds cinquante louis.

LE PETIT VICOMTE. Sur parole. Et vous en gagnez cinquante comptant. Bénéfice net : cinquante. Je connais ça.

SCÈNE XVI

SAVARI, VIBERT, LE PETIT VICOMTE.

VIBERT. Je voudrais continuer, messieurs, mais nous sommes en vérité trop peu nombreux pour jouer au baccarat.

SAVARI. Eh bien ! finissons. (A Vibert après s'être levé.) Je vous prierai de me dire ce que je vous dois, monsieur.

VIBERT. Volontiers. Je vais faire nos comptes.

Savari suit des yeux, jusqu'à la porte du fond, Julia qui s'éloigne accompagnée de Marietta.

SCÈNE XVII

LES MÊMES, DUMOUCHE, puis PÉLAGIE.

DUMOUCHE, à Vibert qu'il rejoint. J'ai travaillé toute la soirée, ça marche !.. ça marche !... Et vous, qu'avez-vous fait ?

VIBERT, tout en additionnant les chiffres sur une carte. J'ai travaillé de mon côté.

DUMOUCHE. Moi j'ai la tête grosse comme ça... je vais souper.

Il sort.

VIBERT, à Savari qu'il rejoint vers la droite. Voici, monsieur.

SAVARI, après avoir jeté un coup d'œil sur le papier que lui a remis Vibert. C'est très-exact. Veuillez me donner votre adresse, monsieur.

VIBERT. J'habite, en attendant que je sois installé à Paris, l'hôtel de Bade, rue du Helder. Vous aurez la bonté de demander le comte de Rubini.

SAVARI. C'est entendu. Seulement, la somme est un peu forte, et j'aurai peut-être besoin de plus de vingt-quatre heures pour...

VIBERT. Ah ! monsieur, je vous en supplie, veuillez me traiter en ami. Ce sera d'autant plus charmant à vous que vous me mettrez à l'aise pour vous demander un service.

SAVARI. Un service ?

VIBERT. Mon Dieu, oui. (Pélagie entre par le fond.) Étranger à Paris et à ses usages, je suis exposé à commettre de grandes fautes. Tenez, sans aller bien loin, n'ai-je pas conduit ici ces dames, auxquelles j'ai eu le plaisir de vous présenter. Eh bien ! entre nous, elles n'étaient pas à leur place. Je voudrais, à l'avenir, être prémuni contre de tels dangers, et si vous étiez assez aimable pour me guider de vos conseils, je vous en serais vraiment bien reconnaissant.

PÉLAGIE, bas à Savari, à sa droite. Acceptez ce qu'il vous propose, et devenez son ami. Vous aurez plus de temps pour vous acquitter.

SAVARI. Vous avez raison. (A Vibert.) Je vous demande pardon, monsieur, de ne vous avoir pas répondu tout de suite ; madame avait un mot à me dire, mais vous deviez bien penser que je me mettrais complétement à votre disposition. J'aurai le plaisir d'aller vous voir demain à votre hôtel.

VIBERT. Je ne doutais pas de votre courtoisie, monsieur, mais je ne vous en remercie pas moins de tout mon cœur. Vous savez que je me tiens à votre disposition pour une revanche. Je ne veux pas gagner tant d'argent et laisser de moi un mauvais souvenir dans cette maison.

PÉLAGIE. Mais, monsieur, vous en laissez un excellent ! (Bas, à Savari.) Il est charmant, cet Italien, très-spirituel.

SAVARI. Oui, il a eu pour quatorze mille francs d'esprit à mes dépens.

VIBERT, à Savari. N'oubliez pas votre promesse, monsieur.

SAVARI, à Vibert. Non, monsieur. (A part.) Je la reverrai et je trouverai peut-être auprès d'elle les émotions dont j'ai besoin !

Ils se saluent.

ACTE TROISIÈME

La scène représente le salon d'un appartement meublé, d'aspect un peu sévère. — Au fond, la porte d'entrée ; à gauche, dans un pan coupé, une croisée ; du même côté une porte. — A droite, en face de la croisée, une porte avec portière. — Au milieu du salon, un guéridon, à gauche un canapé, de l'autre côté une chaise. — A droite, la cheminée, une chaise à côté.

SCÈNE PREMIERE

MARIETTA, assise près du guéridon et travaillant. Au bout d'un instant elle lève les yeux et regarde la pendule.

Midi bientôt, et elle est partie depuis dix heures ! Elle m'avait cependant promis de ne pas rester aussi longtemps absente. On a sonné ! c'est elle sans doute.

Elle se lève et va se diriger vers le fond, lorsque Vibert paraît, introduit par une femme de chambre qui se retire.

SCÈNE II

VIBERT, MARIETTA

VIBERT, à Marietta vers qui il s'est avancé. Madame Vidal peut-elle me recevoir ?

MARIETTA. Elle est sortie.

VIBERT. J'attendrai, si vous le permettez. (Il s'approche de la cheminée tandis que Marietta reprend sa place près du guéridon. Après un instant de silence.) Madame Vidal est encore retournée rue de la Paix ?

MARIETTA. Sans doute. Si elle a consenti à vivre ici, sous un nom d'emprunt, dans cet appartement meublé, elle a voulu, vous le savez, conserver aussi son logement de la rue de la Paix. Chaque jour elle y passe quelques heures seule avec ses souvenirs.

VIBERT. C'est une imprudence ! Savari n'aurait qu'à la rencontrer, à la suivre... Il devinerait aussitôt la vérité et nos peines seraient perdues.

MARIETTA. Oh ! quant à cela, soyez sans inquiétude ; elle prend de telles précautions que personne ne saurait la reconnaître.

VIBERT. C'est égal, j'aurais préféré qu'elle renonçât à ces sorties quotidiennes.

MARIETTA. Moi aussi, mais pour d'autres motifs.

VIBERT, se levant et allant à Marietta. Lesquels ?

MARIETTA. Je crains pour elle ces longues stations dans cet appartement, dans cette chambre, où chaque objet lui rappelle son malheur et où elle s'entretient sans cesse avec Maurice Vidal. Après chacun de ces pèlerinages elle revient ici plus triste, plus désolée que jamais. C'est que l'imagination prête souvent aux personnes qui ne sont plus, un charme, des qualités qu'elles n'avaient pas de leur vivant. Elle aimait certainement son mari, mais d'un amour sérieux, réfléchi ; il était plus âgé qu'elle et d'une froideur calculée. Elle l'avait épousé par raison et un peu, sans se l'avouer, pour vivre dans ce Paris, qu'on nous vante tellement là-bas, à l'étranger. Il est mort de mort violente, et cet événement inattendu, terrible, a réveillé cette nature énergique qui sommeillait, ce cœur passionné qui n'avait peut-être pas encore battu. Elle trouve maintenant un emploi de ses forces nouvelles dans son amour posthume et ses projets de vengeance... Mais comment les dépensera-t-elle, si cet amour s'éteint ou si sa vengeance vient à lui manquer ?

VIBERT. Elle ne peut lui manquer, je suis là.

MARIETTA, qui prête l'oreille. Cette fois, c'est elle.

Elle marche vers le fond, tandis que Vibert se range à droite.

SCÈNE III

VIBERT, JULIA, MARIETTA.

MARIETTA, à Julia qu'elle rejoint et dont elle prend les mains. Comme tu es restée longtemps absente !

JULIA, venant s'asseoir à la table. Marietta debout derrière elle. Oui, encore plus longtemps que d'habitude... je ne pouvais plus me détacher de cet appartement. Chaque meuble, chaque objet me rappelait un souvenir... (Après un instant de silence.) Maurice m'est encore apparu, comme hier, comme les jours passés. Mais son regard était sévère... il semblait dire : « Que fais-tu donc ? que se passe-t-il en toi ? Pourquoi tant tarder à remplir mes dernières volontés... à exaucer la prière d'un mourant. » Il faut que je lui obéisse... que ce Savari parle, qu'il avoue son crime et m'en donne des preuves...

MARIETTA, s'approchant de Julia. Calme-toi, ma chère Julia.

JULIA. Me calmer. Que dis-tu là ?... me calmer ! mais je ne suis que trop calme, trop indécise... Quoi ! j'ai un devoir à accomplir, une tâche sacrée à remplir, et ma vie se passe dans des rêveries inutiles ; je m'absorbe dans le passé, lorsque le présent devrait seul m'occuper... lorsque je devrais agir... (A Vibert qu'elle aperçoit.) Ah ! pardon, je ne vous avais pas vu... Voyons, monsieur, plus de deux mois se sont écoulés depuis le jour où vous m'avez offert vos services et où je les ai acceptés. Qu'avons-nous fait ? Quel résultat avons-nous obtenu ?

VIBERT. Aucun jusqu'ici... je le reconnais, madame.

JULIA. Vous m'avez dit : Changez de nom, quittez votre appartement de la rue de la Paix, louez un logement meublé, consentez à y recevoir Albert Savari ; j'ai obéi. Il m'a fait d'abord quelques courtes visites ; bientôt il est venu tous les jours, maintenant il vient à toute heure et je cause avec lui de choses indifférentes, lorsque les pensées les plus tristes m'agitent et me torturent ; je lui souris lorsque je voudrais pleurer ; je lui donne la main, à lui ! Oui, pour mieux jouer mon rôle, j'en suis arrivée à lui donner la main.. Vous le voyez, monsieur, j'ai suivi à la lettre vos conseils, je n'ai rien négligé, je ne me suis pas épargnée.. J'ai vaincu tous mes scrupules, toutes mes répugnances, toutes mes délicatesses ; tant d'efforts ne doivent-ils pas servir ma cause, ne dois-je pas atteindre le but que je me suis fixé ?

VIBERT. Oui, madame, vous méritez d'atteindre ce but... et cependant.. permettez-moi de vous le dire, le plan que j'ai tracé de concert avec vous n'a pas été entièrement suivi. (Sur un geste de Julia.) Non, madame.. Albert Savari ressent pour vous, à n'en pas douter, les sentiments que vous avez consenti à lui inspirer. Mais vous ne lui avez pas encore permis de vous les exprimer. (Julia s'assied à droite de la table.) Vous m'avez toujours ordonné d'être en tiers dans vos entretiens... Quand je ne suis pas ici, madame (il montre Marietta.) reste à vos côtés. Aussi la situation ne change-t-elle pas... nous ne faisons aucun progrès et le temps s'écoule.

JULIA. C'est vrai... je n'ai pas le courage de me trouver seule avec lui. J'ai peur de cet aveu qu'il médite, qui n'attend pour s'échapper, je le vois bien, qu'un geste de moi, un parole, un regard. (Elle se lève et passe au milieu.) Ah ! le rôle actif qu'il me faudrait jouer est au-dessus de mes forces. J'ai consenti à ce qu'il m'aimât, mais je n'ai pas promis d'encourager cet amour ! réfléchissez donc, monsieur. (Se tournant vers Marietta dont elle prend les mains.) J'en appelle à ton cœur, Marietta. Permet-

tre qu'on me parle d'amour, à moi ! à moi dont le mari vient à peine de mourir ! M'entendre parler d'amour par celui que je soupçonne de cette mort, je ne puis pas ! je ne puis pas !

Elles s'asseyent toutes deux à gauche de la table, sur le canapé.

MARIETTA. Mon amie, ma sœur.

VIBERT. Je vous comprends, madame, aussi devons-nous, je crois, renoncer à nos projets.

JULIA. Qu'avez-vous dit ? Renoncer à mes projets ! laisser impunie la mort de mon mari... ne pas remplir ses dernières volontés !

VIBERT. Alors...

JULIA, se levant. Eh bien ! oui... alors, qu'il vienne, qu'il me parle ! Je l'écouterai. A quelle heure vient-il d'habitude ? Il devrait être ici, déjà... (Se tournant vers Vibert.) Oui, puisque vous l'attendiez... Eh bien ! je vous autorise à ne pas l'attendre... Il me trouvera seule. Tu entends, Marietta, je veux être seule, seule avec lui... (A Vibert.) Adieu, monsieur... s'il vous trouvait ici... vous n'auriez plus aucune raison pour partir... Je vous prie seulement de revenir dans la journée, bientôt... l'aurai probablement à vous parler.

VIBERT. Je suis à vos ordres madame.

Il salue avec respect et sort par le fond.

SCÈNE IV

JULIA, MARIETTA.

JULIA, à Marietta. Depuis que j'ai pris cette résolution, je me sens moins tourmentée, plus forte, plus fière de moi... (S'approchant de la cheminée et se regardant à la glace.) Il ne faut pas qu'il s'aperçoive de l'émotion qui m'agite... Je dois mettre un masque sur mon visage... Voyons, du calme... du calme... Je veux être calme ! (S'avançant vers Marietta.) Tiens ! regarde-moi, crois-tu qu'il puisse venir, maintenant ? Oh ! je saurai lui sourire, comme je te souris en ce moment !... Comme il tarde aujourd'hui... Est-ce que je me serais trompée ?...

MARIETTA, prêtant l'oreille. Non, je crois qu'on a sonné.

JULIA. Si c'est lui, fais-le entrer.

Marietta sort et rencontre Savari au fond. Elle s'efface pour le laisser passer. Julia s'est assise près de la cheminée.

SCÈNE V

JULIA, SAVARI.

JULIA, à Savari qui s'est avancé vers elle et la salue. Bonjour, monsieur. Le comte m'a chargée de vous exprimer ses regrets de n'avoir pu vous attendre. Il avait affaire et vient de me quitter. Il sera, du reste, bientôt de retour.

SAVARI, à Julia. Tout en regrettant l'absence du comte, je ne puis vous cacher, madame, que je suis heureux de me trouver, un instant, seul avec vous.

JULIA, se levant. Vraiment ! Est-ce que vous avez à me parler ?

SAVARI. Oh oui ! J'ai bien des choses à vous dire.

JULIA. Je vous écoute, monsieur.

Elle s'assied à gauche du guéridon sur le canapé.

SAVARI, qui l'a suivie et se tient à droite du guéridon. Monsieur ! monsieur ! Vous m'appellerez donc toujours monsieur ?

JULIA. N'est-ce pas l'expression convenable ? Alors apprenez-moi ce qu'il faut dire ; je ne suis pas familiarisée avec toutes les souplesses de la langue française, et je n'en veux pas à ceux qui me reprennent.

SAVARI. Je n'ai pas à vous reprendre : l'expression est convenable et n'a rien qui doive choquer. (Se levant tout à coup.) Ah ! pardonnez-moi, madame, je suis nerveux, agité, inquiet... pardonnez-moi.

JULIA. Je vous pardonne, mais m'apprendrez-vous le motif de cette agitation ?

SAVARI. Vous ne comprenez donc pas ?

JULIA. Quoi ?

SAVARI. Vous ne comprenez donc pas qu'il est dangereux pour la raison d'un homme de vous voir sans cesse, de vous entendre, de respirer le même air que vous... que...

Il s'arrête, frappé par l'expression qu'a prise la figure de Julia.

JULIA, qui s'est levée, à elle-même. Ah ! je ne serai donc pas maîtresse de moi !... Si ! je le veux !... (Elle vient se rasseoir et dit à Savari d'une voix qu'elle a rendue plus calme à force de volonté.) Alors, vous m'aimez ?

SAVARI, étonné d'abord de ce brusque retour, s'empare des mains de Julia qu'elle ne peut lui retirer et s'écrie. Oui, je vous aime, comme je n'ai jamais aimé, comme je me croyais incapable d'aimer ! Vous êtes mon premier, mon seul amour ! Si vous saviez comme je dis vrai, comme je suis malheureux loin de vous, et quel est mon bonheur lorsque je vous vois! Il n'y a pas de beauté qui vaille la vôtre : on trouve en vous toutes les perfections, tous les charmes, toutes les distinctions, toutes les splendeurs! Moi, qui me croyais si fort, si invulnérable, mort à tous les étonnements et à toutes les admirations, je vous ai vue et vous m'avez tout de suite ébloui. Je vous ai connue et je vous aime ardemment. Ah! vous ne me croyez pas! Vous me jugez comme tout le monde. Peut-être vous a-t-on dit du mal de moi. Oui, on a dû vous en dire... On me reproche de vivre au jour le jour, d'être inutile à tous et principalement à moi-même!... On a raison, si j'avais à recommencer mon existence, je la comprendrais autrement; mais ne devrait-on pas me tenir compte aussi des obstacles sans nombre que j'ai rencontrés sur ma route? Je suis entré dans la vie, sans protecteur, sans famille, sans amis, avec quelques mille francs pour tout patrimoine. J'aurais dû travailler; mais m'avait-on donné des habitudes de travail? Non... c'est à peine si ma mère s'occupait de moi. Je ne l'accuse pas... Hélas! elle m'a aimé à sa manière... Si vous saviez quel spectacle j'avais devant les yeux, quelle existence bizarre je menais! quelle irrégularité dans notre façon de vivre!... Ah! si quelqu'un m'avait pris à l'écart et m'avait dit: « Méfie-toi, ne suis pas » l'exemple qui t'est donné, ce n'est pas ainsi qu'il faut » comprendre la vie... On consentira peut-être un jour à ne » pas te demander compte du passé de ta mère; mais garde- » toi de trop te montrer son fils, sois surtout le fils de tes » œuvres. » Mais, sans conseils, livré à moi-même, j'ai vécu comme j'avais toujours vu vivre autour de moi, et j'ai mal vécu jusqu'au jour où je vous ai rencontrée. J'ai compris seulement alors ce qu'on appelle l'honnêteté, en comprenant le véritable amour.

JULIA. Cet amour, l'ai-je donc encouragé?

SAVARI, se levant. Non, et c'est ce qui m'a perdu. Ah! si vous saviez à quelles femmes j'ai eu affaire jusqu'à ce jour, quelles facilités dans les relations, quelles faciles victoires! Comme on arrive vite à se fatiguer de toutes ces liaisons qui se ressemblent, quel que soit le monde où on les contracte. Ah! vous m'avez demandé si vous m'avez encouragé et j'ai répondu que non, je me rétracte. Oui, vous m'avez encouragé, ou plutôt, jamais femme, à son insu, ne s'est montrée plus séduisante avec moi! Vous n'avez donc pas compris que votre silence obstiné, votre froideur, votre réserve, étaient autant de provocations! Je voulais lutter, je voulais vaincre!... Je le veux encore!...

JULIA, se levant. Qu'espérez-vous donc?

SAVARI. Rien... rien... Oh! ne vous éloignez pas. Je n'ai pas voulu vous blesser. Pardonnez ce que je viens de dire; je serai maître de moi, je vous le jure! (Voyant que Julia se rapproche.) Merci! oh! merci. Vous avez raison de ne rien craindre. Si mes yeux vous disent mon amour, ils vous disent aussi mon respect. Est-ce que, depuis un mois, je n'ai pas appris à vous connaître? Oh! je vous sais la plus honnête des femmes, la plus digne d'être aimée. Non... je ne prétends pas que mon amour vous puisse toucher. Je n'espère pas vous le faire partager, je vous supplie seulement de me laisser vous le dire, de me permettre de vous admirer et de vous adorer. C'est si bon d'aimer, il n'y a rien qui vaille cela! Et dire que j'étais arrivé à mon âge sans goûter cette suprême joie. Ah! je vous remercie de m'avoir appris à la connaître, et quoi qu'il arrive, quoi que la destinée me réserve, je vous bénirai toujours!

La porte du fond s'ouvre, Vibert paraît. — Julia se rassied sur le canapé.

SCÈNE VI

SAVARI, JULIA, VIBERT.

VIBERT, après avoir embrassé la scène d'un coup d'œil, s'avance vers Savari et lui tendant la main. Bonjour, cher monsieur, vous allez bien?

SAVARI. Parfaitement.

VIBERT. J'allais m'excuser de ne m'être pas trouvé à notre rendez-vous habituel, mais ma chère compatriote vous ayant reçu, vous n'avez pas dû beaucoup vous apercevoir de mon absence et vous êtes plus à plaindre.

SAVARI, passant près de la cheminée. Aussi je ne me plains pas.

VIBERT, s'asseyant au milieu, à droite du guéridon. J'aurais pu vous rejoindre depuis un grand quart d'heure si je n'avais pas été retenu par un de vos amis.

SAVARI. Un de mes amis?

VIBERT. M. Dumouche. Savez-vous ce qu'il m'a appris?

SAVARI. Je ne m'en doute pas.

VIBERT. Que j'avais tort de me fier à vous.

SAVARI. Pourquoi?

VIBERT. Ne vous ai-je pas prié de m'avertir si, pendant mon séjour à Paris, on y donnait quelque fête intéressante pour un étranger?

SAVARI. Oui, mais rien ne se prépare.

VIBERT. Vraiment? apprenez donc, puisque c'est moi qui suis chargé de vous instruire maintenant, que c'est ce soir que se donne le grand bal annuel des artistes dramatiques, à l'Opéra-Comique.

SAVARI. Je le savais, mais je n'ai pas jugé à propos de vous en parler. Lorsque je vous ai proposé, il y a quelques jours, de vous faire assister d'une loge à un bal de l'Opéra, madame ne m'a-t-elle pas répondu qu'elle était un peu souffrante et qu'elle craignait la chaleur de nos salles de spectacle?

JULIA. En effet.

VIBERT. Aussi je ne parle pas d'aller ce soir au bal des artistes. Mais ce cher Dumouche, qui est un esprit inventif, m'a donné une excellente idée pour voir une partie de la fête, la plus intéressante peut-être, sans entrer dans la salle.

SAVARI. Je ne comprends pas.

VIBERT. L'entrée de l'Opéra-Comique n'est-elle pas, comme Dumouche vient de me le faire remarquer, rue de Marivaux, juste en face du café Anglais. Nous prenons un cabinet au premier, et comme la rue sera éclairée ce soir mieux qu'en plein jour, nous voyons défiler devant nous toutes les célébrités artistiques de Paris. Que dites-vous de mon projet?

Il se lève.

SAVARI, s'avançant vers Julia. S'il plaît à madame.

VIBERT. Il doit lui plaire... (Bas à Julia.) Acceptez.

JULIA. Je ferai ce qu'on voudra.

VIBERT, à Savari. J'en étais sûr. Aussi Dumouche s'est-il chargé de tout préparer. Il a choisi le cabinet et commandé le souper... oh! un souper pour la forme. Nous ne prétendons pas faire un repas sérieux à onze heures du soir.

SAVARI, qui a pris son chapeau. Alors le rendez-vous est pour onze heures?

VIBERT. Si vous le voulez bien : nous comptons beaucoup sur vous pour nous nommer les célébrités que Dumouche ne connaîtrait pas.

SAVARI. Je serai exact. (Bas à Julia en prenant congé d'elle, tandis que Vibert a remonté vers le fond.) De grâce, ne m'en veuillez pas de vous avoir ouvert mon cœur. J'étais si malheureux de vous aimer et de ne pouvoir vous le dire. Vous savez maintenant ce que j'éprouve et vous me prendrez peut-être en pitié! (Sur un geste de Julia.) Oh! j'entends par là, que, parfois, vous laisserez tomber sur moi, un regard... un regard de bonté... Permettez-moi d'emporter cette espérance. Elle m'aidera à vivre jusqu'à ce soir.

Il s'incline, puis se retourne et rejoint Vibert qui le reconduit.

SCÈNE VII

JULIA, VIBERT.

Vibert, après avoir reconduit Savari, redescend la scène en silence, tandis que Julia, absorbée dans ses pensées, ne le voit pas s'avancer. Au bruit qu'il fait en arrivant tout près d'elle, elle relève vivement la tête.

JULIA, toujours assise sur le canapé. Ah! pardon!

VIBERT. Vous m'avez dit, madame, que vous auriez à me parler après votre entretien avec Albert Savari et...

JULIA. Oui, oui, c'est bien.

VIBERT. Est-il résulté quelque chose de cette entrevue?

JULIA. Non.

VIBERT. Vous n'êtes pas plus avancée qu'auparavant?

JULIA. Non. (Se dressant tout à coup devant Vibert.) Savez-vous que ce que nous faisons-là est infâme!

VIBERT. Pourquoi, madame?...

JULIA, passant à droite. Parce que... parce que!... Il m'aime!...

VIBERT, se penchant vers elle. N'est-ce donc pas ce que vous désiriez!

JULIA. Oui, mais il souffrira tôt ou tard de cet amour et je ne sais pas si j'ai le droit de le faire souffrir.

VIBERT, se rapprochant encore de Julia. En vérité, vous croyez n'avoir pas le droit de faire souffrir un homme qui a tué votre mari.

JULIA. Mais s'il ne l'a pas tué!

VIBERT. Ah! vous doutez, maintenant!

JULIA, baissant la tête et tombant sur la chaise près de la cheminée. Oui, je doute. Lorsqu'il n'est pas là, lorsque je suis seule avec mes pensées, il me semble encore qu'il est coupable : comme autrefois je veux me venger de lui. Mais lorsqu'il me parle, je ne crois plus, je doute. (Elle se lève et passe à gauche.) Cette situation ne peut plus durer, mes forces sont épuisées, je renonce à la lutte.

VIBERT. Mais je n'y renonce pas, moi, madame.

JULIA Monsieur !

VIBERT. Non, madame, je ne puis y renoncer.

JULIA. Vous oubliez que vous n'agissez pas au nom de la justice ; vous n'avez aucun ordre, aucun mandat.

VIBERT. Eh ! c'est justement pour cela, madame. J'agis pour moi, pour moi seul, pour ma propre satisfaction, pour la jouissance que j'éprouve à pouvoir me dire : Je ne me suis pas trompé ! j'ai deviné avant tout le monde, j'ai cherché, j'ai trouvé ! Eh ! je sais bien qu'on ne peut pas me comprendre. Je n'ai qu'une seule passion, moi, madame. Toutes les forces de mon intelligence se portent vers un but, un seul, celui que je me suis une fois tracé. Je me dis : Voilà où il faut arriver, et j'arrive, par des détours, peu importe, j'arrive. Je découvrirai la vérité, malgré tout le monde, malgré vous-même, oui, madame, malgré vous-même ! J'ai soutenu qu'Albert Savari était coupable. Eh bien ! je veux le prouver, non pas aux autres, que m'importent les autres !... Mais à moi ! à moi !... Voyons, madame, je viens de tout préparer pour une épreuve décisive ; il faut la tenter avec moi.

JULIA. Il faut !

VIBERT. Mais oui, madame, il faut !... Il faut obéir aux dernières volontés de votre mari ; ne le disiez-vous pas aujourd'hui même.

JULIA. Soit ! j'y consens !... Mais cette épreuve sera la dernière, ne l'oubliez pas !

VIBERT. Oui, madame, je vous en réponds ; ce soir, au café Anglais. N'est-ce pas au café Anglais, qu'Albert Savari a dîné une heure avant l'assassinat de Maurice Vidal ? S'il est coupable, il éprouvera une première commotion en se retrouvant à la place où il a dû, sans aucun doute, méditer et préparer son crime.

JULIA. Enfin, quelle sorte d'épreuve allez-vous tenter ?

VIBERT. Sur votre demande, madame, on vous a rendu le poignard qui appartenait à votre mari et dont s'est servi le meurtrier. Voulez-vous me confier cette arme ?

JULIA. Qu'en voulez-vous faire ?

VIBERT. Vous le verrez, ce soir, si vous daignez attendre.

JULIA. J'attendrai.

ACTE QUATRIÈME

Le théâtre représente l'intérieur d'un des salons du café Anglais appelé : *Le grand Seize*. — Trois croisées au fond s'ouvrant sur un balcon. — Cheminée à droite, porte d'entrée à gauche, table au milieu.

SCÈNE PREMIÈRE

DUMOUCHE, UN MAITRE D'HOTEL, DES GARÇONS.

Au lever du rideau, les domestiques achèvent d'allumer les candélabres qui sont sur la cheminée. Puis la porte s'ouvre, et Dumouche paraît, introduit par le maître d'hôtel.

DUMOUCHE, au maître d'hôtel qui le débarrasse de son paletot. Ernest, y a-t-il quelqu'un d'arrivé ?

LE MAITRE D'HOTEL. Non, monsieur. On n'a retenu ce salon que pour onze heures, et il n'est que dix heures et demie.

DUMOUCHE. C'est juste ! j'ai une demi-heure devant moi. Ernest, tout de suite, là, sur un coin de cette table, ce qu'il faut pour écrire. (Tandis que le maître d'hôtel s'éloigne.) Enfin ! mon collaborateur a trouvé, paraît-il, une situation des plus émouvantes et des plus originales. La scène aura lieu ce soir ici. « Vous n'aurez, m'a-t-il dit, qu'à écouter, à vous souvenir et à raconter ce que vous aurez entendu. » (Il s'assied à la table.) Ça me chiffonne bien un peu. Raconter, ce n'est pas mon fort. Quand il s'agit de raconter, je prends ma plume, je me mets en face d'une main de papier... et au bout de deux heures, ma main de papier est toujours dans le même état... non, je me trompe, elle est couverte de cocottes, j'en ai dessiné partout. A droite à gauche, de la première à la dernière page, rien que des cocottes, c'est tout mon passé qui m'est revenu à l'esprit. (Au maître d'hôtel qui apporte de papier et de l'encre.) Dites-moi, Ernest, y a-t-il des personnes de connaissance ici, ce soir ?

LE MAITRE D'HOTEL. Non, monsieur.

DUMOUCHE. Voilà le papier... il est trop grand, c'est effrayant de remplir cela, et puis, je n'ai pas l'habitude d'écrire assis, je préfère être debout. (Il se lève.) Je vais m'occuper du cabinet... (Il se dirige vers le fond, et écrit sur le carnet qu'il a tiré de sa poche.) Une cheminée, trois croisées donnant sur un balcon... Il disparaît par la fenêtre du milieu, tandis que Vibert et Julia entrent précédés du maître d'hôtel.

SCÈNE II

JULIA, VIBERT, DUMOUCHE, LE MAITRE D'HOTEL.

VIBERT, au maître d'hôtel. Quelqu'un est arrivé, m'a-t-on dit ?

LE MAITRE D'HOTEL. Monsieur Dumouche, qui est là sur le balcon.

Il montre sur le balcon Dumouche absorbé dans son travail.

VIBERT, à Julia qui a fait un geste en entendant le nom de Dumouche. J'avais besoin d'un témoin désintéressé dans la question. Nos témoignages ne suffiraient pas en justice. (Au maître d'hôtel.) Je n'attends plus qu'une personne : M. Albert Savari. Vous le connaissez ?

LE MAITRE D'HOTEL. Parfaitement, monsieur.

VIBERT. Vous servirez dès que vous le verrez.

Le maître d'hôtel se retire après avoir pris le manteau de Julia.

SCÈNE III

JULIA, VIBERT, DUMOUCHE.

VIBERT, à Julia qui s'est assise près de la cheminée. Vous n'avez aucun ordre à me donner, madame !

JULIA, relevant sa tête qu'elle tenait baissée. Aucun.

DUMOUCHE, quittant le balcon, tout en laissant la fenêtre ouverte. Deux candélabres, huit bobèches, huit bougies, pendule marbre noir. (S'arrêtant.) Je crois que c'est assez réussi, je suis en progrès. J'ai un style... (Se retournant au bruit que fait Vibert en fermant la fenêtre.) Tiens ! je ne les avais pas vus entrer !

Il s'approche.

VIBERT, présentant Dumouche. Monsieur Dumouche.

DUMOUCHE, à Julia. Excusez-moi, madame, daignez m'excuser. J'étai absorbé par le travail. Quand je compose, voyez-vous... (Voyant que Julia ne lui répond pas, à lui-même.) Elle me reçoit froidement, je l'aurai blessée... Mais aussi je ne peux pas être à la fois homme de lettres et homme du monde. (A Vibert qu'il rejoint et qui s'est assis à table.) Eh bien ! mon cher ami, je suis fidèle au rendez-vous que vous m'avez donné. Dès que j'ai reçu votre mot, je n'ai pas hésité, le travail avant tout. (Vibert resté absorbé dans ses réflexions.) Il est froid aussi. (Haut.) Ainsi il se prépare pour notre roman quelque scène importante ?

VIBERT, le quittant et puis remontant au fond. Je l'espère.

DUMOUCHE, poursuivant Vibert. Tant mieux ! tant mieux ! jusqu'à présent, ça va très-bien. J'ai deux ou trois cents pages de descriptions... mais peut-être faudrait-il un peu d'action, de mouvement. Vous ne voulez pas m'expliquer en deux mots la situation ?

VIBERT. C'est inutile... Elle se développera d'elle-même, devant vous. Vous n'aurez qu'à raconter ce que vous aurez entendu.

DUMOUCHE. Je n'aurai qu'à raconter... parfait... très-bien... parfait !... (A lui-même en descendant.) Pourvu que je n'aille pas encore dessiner des cocottes.

LE MAITRE D'HOTEL, annonçant. Monsieur Albert Savari.

Savari serre la main de Vibert et de Dumouche qui sont allés à sa rencontre, puis il rejoint Julia, la salue et cause avec elle.

SCÈNE IV

LES MÊMES, SAVARI, LE MAITRE D'HOTEL, LES GARÇONS, qui, sous sa direction, dressent le dîner.

VIBERT. Enfin, vous voilà ! Comme vous vous faites attendre !

SAVARI, pendant qu'on le débarrasse de son pardessus. Il est à peine onze heures et demie.

VIBERT. C'est trop tard... On entre déjà au bal des artistes, et si quelque célébrité nous échappait...

SAVARI. Soyez tranquille, les véritables célébrités n'arrivent qu'à minuit.

VIBERT. Vraiment ?

SAVARI. Vraiment. (A Dumouche.) N'est-ce pas, Dumouche ?

DUMOUCHE. Certainement... certainement, mon cher Rubini... Minuit, une heure, quelquefois même elles n'arrivent pas du tout... Le bal des artistes!... mais c'est moi qui l'ai inventé!... *(Savari va rejoindre Julia qui est allée au balcon. — A part, tirant son carnet, et prenant à droite.)* Vite, un aperçu de la table... Ah! pourquoi n'ai-je pas commencé plus tôt à travailler?... quelle position j'aurais aujourd'hui dans les lettres!... Ce serait écrasant!...

LE MAITRE D'HOTEL. Madame est servie.

Savari offre son bras à Julia et la conduit à sa place. Tous s'asseoient devant la table. — Julia et Vibert font face au public. Savari et Dumouche sont aux deux extrémités de la table : Savari à gauche du côté de Julia, Damouche à droite, près de Vibert. Le maître d'hôtel et les garçons se sont retirés.

DUMOUCHE, *à part, s'asseyant.* A partir de maintenant, je ne perds ni un mot, ni un regard, ni une bouchée.

VIBERT, *passant un plat à Savari.* Servez-vous, mon cher. *(Savari présente le plat à Julia.)* Madame ne prendra qu'un fruit?

SAVARI. Mais je suis dans les mêmes dispositions que madame. Ce souper n'est qu'un prétexte.

DUMOUCHE. Sans doute, sans doute, un prétexte à causer. Je ne saurais pour mon compte rien manger à cette heure. *(Il prend un perdreau et le met sur son assiette. Après un instant de silence.)* Tiens! c'est à qui ne parlera pas. Mon collaborateur est d'un silencieux! Il compte peut-être sur moi; allons, entamons... *(s'adressant à Julia.)* Eh bien! madame, depuis que je n'ai eu le plaisir de vous voir, avez-vous visité Paris?

JULIA. Non, monsieur, je sors fort peu. Je vis très-retirée.

VIBERT. C'est la faute de ce cher Savari.

SAVARI. Ma faute?

VIBERT. Sans doute, mon cher. Vous êtes aimable, empressé, plein de prévenance pour nous et je vous en remercie de tout cœur. Mais ce fameux programme que nous avons arrêté, de concert avec vous, nous ne nous y conformons pas. Voulez-vous récapituler ce que nous avons fait depuis que nous sommes à Paris?

DUMOUCHE, *à part.* Le voilà parti!

VIBERT, *continuant.* Rien, absolument rien. Nous devions visiter les monuments, nous n'en avons pas vu un seul. Je ne puis cependant pas retourner à Naples et dire : Je n'ai pas vu les monuments.

SAVARI. Ce serait déplorable.

VIBERT. Vous avez l'air de plaisanter; certainement ce serait déplorable... Pour mon compte, j'ai tout à voir, tout excepté le Palais de Justice, que j'ai parcouru aujourd'hui même.

DUMOUCHE. Tiens! tiens! tiens!

VIBERT. Ma foi, oui! Je n'y pouvais plus tenir et j'ai satisfait mon caprice, sans vous, monsieur mon cicerone. *(Il s'adresse à Savari.)* Je me suis adjoint un guide dont j'ai été très-content. Ce qu'il m'a montré est fort intéressant, je vous assure.

DUMOUCHE. Je vous crois, Rubini, je vous crois.

VIBERT. J'aurais voulu voir juger quelque bon petit criminel, mais le temps m'a manqué.

SAVARI. C'est dommage!

VIBERT. Certainement. Rien ne m'émeut comme tout ce qui touche à la justice ; je vous ai déjà fait plus de cent fois mes confidences à ce sujet. Mais si je n'ai pas vu de criminel, j'ai du moins rapporté de mon excursion un souvenir des plus curieux.

DUMOUCHE. Ah bah! un souvenir?

SAVARI. Lequel?

VIBERT. J'y arrive. Toujours en compagnie de mon guide, je montais depuis un instant des escaliers, j'en descendais, je traversais des couloirs, lorsqu'au beau milieu de cette excursion j'avise tout à coup une porte entre-bâillée. « Où conduit cette » porte? » demandai-je. — « Dans une salle dépendant du » greffe. — Et que contient cette salle? — Les pièces de con- » viction, c'est-à-dire les différents objets qui figurent dans un » procès criminel, les vêtements de la victime, le chapeau de » l'accusé, l'arme dont s'est servi l'assassin. — Mais, demandai- » je, lorsque le procès est jugé ou l'affaire terminée, que de- » viennent ces pièces de conviction? — Quelques-unes, sur » une autorisation donnée par le parquet, sont rendues à leur » propriétaire ou à sa famille ; d'autres sont vendues. — Et quand » ont lieu ces ventes? — A certaines époques fixées d'avance. » On en fait justement une en ce moment. — Où? — Tout près » d'ici. — Ma foi! m'écriai-je, j'achèterais bien quelque chose » qui aurait appartenu à un grand criminel. — Rien de plus » facile, monsieur, si vous voulez bien me suivre. » Je ne me le fis pas répéter. Je suivis mon guide, et, un quart d'heure après, j'étais possesseur.

SAVARI. De quelque bijou volé?

VIBERT. Oh! mieux que cela.

DUMOUCHE. Quelque vêtement ayant appartenu à un malheureux envoyé au bagne ou à l'échafaud?

VIBERT. Non pas, non pas! J'adore les curiosités, mais je veux en même temps qu'on puisse s'en servir, qu'elles n'aient pas un aspect difforme ou repoussant. Un Anglais n'y regarde pas de si près ; il donne des paquets de banknotes pour un cigare qui a été pressé par des lèvres illustres. Mais je ne suis pas Anglais, moi : je sais mêler l'utile à l'agréable, *utile dulci*, comme disent les Latins. Voyez plutôt.

Il se lève et tend brusquement à Savari le couteau qu'il tient depuis un instant sous la table et qu'il a ouvert tout en parlant. Puis, les deux mains appuyées sur le dossier de sa chaise, il observe Savari. Julia, la moitié du corps penché sur la table, regarde avec anxiété.

SAVARI, *qui est resté assis et qui n'a donné aucune marque d'émotion, prend le couteau que lui tend Vibert, et dit avec un grand calme.* Le manche est d'un beau travail, la lame fine et bien ornementée.

Il se lève, prend une cigarette sur la table, et s'approche de la croisée qu'il ouvre. Julia se lève et passe à la cheminée. Dumouche reste seul. Vibert se lève et passe à gauche en réfléchissant.

DUMOUCHE, *à lui-même.* Je n'y comprends absolument rien. Que vient faire ici ce poignard? Ah! peut-être Rubini veut-il que je le décrive.

Il tire son calepin, examine le couteau, prend des notes et passe à gauche.

VIBERT, *à lui-même.* Il est possible que dans un moment de folie, il se soit servi de cette arme et qu'il ne la reconnaisse pas aujourd'hui. Il faut l'obliger à la reconnaître. *(s'approchant de Savari)* Eh bien! mon cher Savari, entre-t-on au bal des artistes?

SAVARI. Pas encore.

VIBERT, *le ramenant près de la table, au milieu.* Alors, vous me félicitez de mon acquisition?

SAVARI. Quelle acquisition?

VIBERT, *lui montrant le poignard resté sur la table.* Celle de ce poignard... Vous ne vous souvenez déjà plus!

SAVARI. Si, parfaitement... Je vous demande pardon.

VIBERT. Eh bien!

SAVARI. Eh bien!

VIBERT. Qu'en dites-vous?

SAVARI, *prenant le poignard et le regardant tandis que Julia revient près de la toilette, à droite, et ne perd pas des yeux Savari.* Je dis qu'il fera très-bien dans une panoplie.

VIBERT. Une panoplie? Jamais!... je le mettrai sous verre. Pensez donc, un objet si curieux, qui a servi à commettre un si grand crime!

SAVARI. Un crime.

VIBERT. Sans doute, ne vous ai-je pas dit que ce poignard venait du Palais de Justice?

SAVARI. Ce n'est pas toujours une raison...

VIBERT. C'en est une, cette fois, je vous assure.

SAVARI. Vous croyez vraiment qu'on a frappé quelqu'un avec cette arme?

VIBERT. Assurément. Et le coup a été mortel.

SAVARI. Qui vous a dit cela?

VIBERT. Mon cicerone, parbleu! Vous imaginez-vous que j'achète des objets de ce genre, sans me renseigner sur leur origine et leur provenance? Ce poignard est historique, et je connais sur le bout du doigt son histoire.

SAVARI. Voyons.

VIBERT. Il était la propriété d'un jeune homme mort assassiné... au mois d'octobre dernier... à Paris... rue de la Paix, numéro six.

SAVARI. Vous dites?

VIBERT. Je dis ce qu'on m'a répété : ce jeune homme était fort connu dans le monde parisien... et s'appelait... Maurice Vidal.

SAVARI. Maurice Vidal!... Ah!

Il jette le poignard loin de lui, sur la table.

VIBERT, *bas à Julia, qui a passé vivement derrière Savari.* Eh bien?

DUMOUCHE, *à lui-même.* J'ai compris! superbe!...

Il s'appuie contre un meuble.

VIBERT, *s'adressant à Savari, après un instant de silence.* Qu'avez-vous? Pourquoi cette émotion?

SAVARI, *se remettant peu à peu.* Elle est bien simple... J'ai connu personnellement Maurice Vidal, monsieur!... Je l'ai vu là veille de sa mort et j'ai été accusé de l'avoir tué!

VIBERT. Vous!

SAVARI. Mais on a reconnu mon innocence, puisque j'ai le plaisir de me trouver ici, aujourd'hui, avec vous.

Il s'éloigne vers la croisée.

VIBERT, *à Julia.* C'est toujours le même homme. On croit le tenir et il ne se trahit jamais.

JULIA. Parce qu'il n'a peut-être pas à se trahir.

VIBERT. Ah!... ce qui vient de se passer...

JULIA. N'a mis que plus de doute dans mon esprit.

VIBERT. Eh bien! moi, madame, je ne crois plus, comme autrefois, je suis sûr. Nous avons changé de rôles. *(Au maître d'hôtel qui vient d'entrer.)* Qu'est-ce?

SCÈNE V

LES MÊMES, LE MAITRE D'HOTEL.

LE MAITRE-D'HOTEL, à Julia. On demande à parler à madame.
JULIA. Qui me demande ?
LE MAITRE D'HOTEL. Une personne à votre service.
JULIA. Marietta. Faites entrer!...

Elle passe à gauche. Savari et Dumouche vont au fond, Vibert à droite.

SCÈNE VI

SAVARI, VIBERT, JULIA, DUMOUCHE, MARIETTA.

JULIA, vivement à Marietta, dès que celle-ci paraît. Qu'y a-t-il ? Que me veux-tu ?
MARIETTA. Je suis allée, ce soir, rue de la Paix, chercher les objets que tu avais mis de côté, ce matin.
JULIA. C'était convenu. Eh bien?
MARIETTA. Il venait d'arriver une lettre pour toi. Elle paraît très-pressée, et on lit, sur l'enveloppe : « Parquet du procureur général. »
JULIA. Donne!
MARIETTA. Ici ? (Montrant Savari.) Mais... il est là...
JULIA. Il ne nous voit pas... donne. (Marietta lui remet une lettre, elle en déchire l'enveloppe et lit :) « Madame, il est de mon devoir de vous prévenir au plus vite que nous avons enfin découvert l'assassin de votre mari. C'est le repris de justice, que nous avions soupçonné tout d'abord et dont je vous avais parlé. Nous avons contre lui des preuves accablantes qui ne nous permettent pas de douter un seul instant de sa culpabilité. Il vient d'être arrêté et son procès ne tardera pas. Je m'étais associé à votre légitime douleur, madame, et je suis heureux de vous dire enfin que la mort de votre mari sera bientôt vengée... Recevez, madame, etc... — Gourbet, juge d'instruction. » (Après avoir lu, à elle-même, regardant Savari.) Ah!...Ce n'est pas lui!... (Remettant la lettre à Vibert.) Lisez, monsieur.
DUMOUCHE, à lui-même, à la cheminée. Le voilà qui lit des lettres, maintenant, au lieu de s'occuper de notre affaire.
VIBERT, après avoir lu. C'est bien, je n'ai plus rien à dire.
JULIA, à Marietta. Je rentre chez moi, donne-moi mon mantelet.
SAVARI, qui s'approche vivement. Vous nous quittez, madame ?
JULIA. Oui, il est tard.
SAVARI. Me feriez-vous la grâce de me laisser vous conduire jusqu'à votre voiture ?
JULIA, après une seconde d'hésitation. Oui, monsieur.

Elle prend le bras de Savari et s'éloigne avec lui.

SCÈNE VII

VIBERT, DUMOUCHE.

VIBERT, assis, les coudes appuyés sur la table, la tête dans ses mains. Je me serais trompé à ce point !
DUMOUCHE, s'approchant de Vibert. Tout cela est un peu confus dans mon esprit... Dites-moi, avant de me mettre au travail, j'aurai besoin de quelques explications... Tiens, il ne me répond pas. (S'approchant davantage de Vibert.) Voyons, Savari est-il coupable ou ne l'est-il pas ?
VIBERT, assis à droite de la table. Eh! monsieur, lisez cette lettre. Peu m'importe maintenant, que vous sachiez la vérité.

Il lui donne la lettre que Marietta a apportée.

DUMOUCHE, prenant la lettre et descendant la scène. La vérité! quelle vérité? (Parcourant la lettre et lisant la suscription.) Madame Julia Vidal, 6, rue de la Paix. Comment! la personne qui sort d'ici s'appelle... (Reportant les yeux sur la lettre.) Monsieur Gourbet, juge d'instruction... (Regardant Vibert.) Ah çà, si cette dame s'appelle Julia Vidal, il n'est pas le comte de Rubini... Autrefois je ne m'étais donc pas trompé... (S'avançant vers Vibert.) Mais alors, qui êtes-vous donc, monsieur ?
VIBERT. Je m'appelle Vibert!... vous aviez deviné juste.
DUMOUCHE. C'en est un !... (A lui-même.) Et moi qui me croyais son collaborateur, lorsque j'étais son complice, moi qui croyais prendre des notes, lorsque je faisais des rapports... Ah! j'en ai assez du roman judiciaire, c'est trop dangereux... je vais faire du roman historique. Oh ! que d'émotions! que d'émotions!

Il sort.

VIBERT, sortant de sa rêverie et se levant tout à coup. Non, je ne dois pas m'être trompé !

La scène se passe dans le même salon qu'au troisième acte, chez Julia Vidal. Le canapé est à droite, près de la cheminée.

SCÈNE PREMIÈRE

JULIA, MARIETTA.

Julia et Marietta sont assises près de la cheminée.

JULIA, repoussant tout à coup l'ouvrage qu'elle tenait à la main. Oh! je n'ai de goût à rien!... (S'adressant à Marietta.) Sais-tu que notre existence est des plus tristes. Seules, toujours seules, dans cet appartement meublé où tout nous est étranger, où rien ne nous rappelle un souvenir ami.

Elle se lève.

MARIETTA, se levant. Je t'avais proposé de retourner rue de la Paix ; les raisons qui t'ont décidée à changer de nom et à venir habiter ici n'existent plus.
JULIA. Non, je ne ferai aucune démarche de nature à lui apprendre qui je suis.
MARIETTA. Alors, pourquoi refuses-tu de le voir? Dans les premiers jours qui ont suivi ce dîner au café Anglais, tu y étais toujours pour lui; mais depuis plus d'une semaine, tu fais défendre ta porte. Cependant il vient tous les jours à la même heure.
JULIA. Je le sais... je le sais...
MARIETTA. J'ai eu, autrefois envers lui, disais-tu, des torts que je veux réparer. Je lui ai mis au cœur un amour... dont je dois essayer de le guérir.
JULIA, s'asseyant à la table. Eh! crois-tu donc que j'y parviendrai si je le vois, si je le reçois à toute heure, comme je l'ai fait maladroitement? Non, non, c'était une faute, je ne veux plus la commettre, je ne veux plus le voir !
MARIETTA, se rapprochant de Julia et lui prenant la main. Tu souffres?
JULIA. Moi? non!
MARIETTA, s'asseyant. Tu n'as plus de confiance en moi, tu ne m'ouvres plus ton cœur comme autrefois !
JULIA. Il n'a rien à te dire.
MARIETTA. Si... je devine tout ce qui se passe en toi... Pense donc, je te connais depuis ton enfance; j'ai pour toi l'affection d'une sœur...
JULIA. Mon amie...
MARIETTA. Lorsque tu refuses de le voir, ce n'est pas seulement par égard pour lui, pour son amour; c'est que tu crains toi-même...
JULIA, se levant et s'éloignant vers la droite. Je ne crains rien ! je ne crains rien !... Et du reste, si cela était, si je craignais, n'aurais-je pas raison d'agir comme je le fais... Mais tu n'y songes donc pas?... il n'y a pas six mois que Maurice est mort!... et tu voudrais!...
MARIETTA. Je ne veux rien, si ce n'est ton bonheur et ta tranquillité.
JULIA, se rapprochant de Marietta. Songe encore que sa mort n'est même pas vengée, son assassin n'a été ni jugé, ni puni.
MARIETTA. En effet, le procès de cet homme tarde bien... M. Vibert aurait seul pu nous renseigner à ce sujet, mais nous ne le voyons plus.
JULIA. Oh! tant mieux! tant mieux! Je ne m'en plains pas.
MARIETTA. Pourquoi?
JULIA. Ne le soupçonnait-il pas aussi ? n'est-ce pas lui qui m'a si maladroitement fortifiée dans mes ridicules idées? n'est-ce pas lui qui m'a inspiré la pensée de jouer cette indigne comédie? Enfin, n'a-t-il pas été mon complice?... Il a bien fait de ne plus reparaître !

En disant ces derniers mots, elle s'est dirigée vers la croisée et a soulevé machinalement le rideau; tout à coup elle se laisse retomber et redescend vivement la scène.

MARIETTA. Qu'as-tu?
JULIA. Savari est là, là, dans la rue, en face de cette fenêtre... Il m'a vue...
MARIETTA. Il va monter alors; cette fois, je l'empêcherai difficilement d'entrer.
JULIA, Eh bien... (s'arrêtant.) Non... non... Dis que je suis malade, que je ne reçois pas... Dis enfin ce que tu voudras... (La conduisant vers la porte.) Mais va, va donc!

Marietta sort.

SCÈNE II

JULIA, seule, allant au fond.

Tout à coup, lorsqu'il m'a vue, il m'a semblé qu'il chancelait... Ah ! pourvu qu'il n'entre pas ! (Écoutant.) La porte se referme... il est parti... mais non... Marietta parle avec quelqu'un... On vient...

Savari paraît à la porte. Julia l'aperçoit, fait un pas vers la porte qui est à gauche pour s'éloigner, mais Savari s'élance vers elle.

SCÈNE III

SAVARI, JULIA.

SAVARI, à Julia. Oh ! ne vous éloignez pas, de grâce, accordez-moi un instant, rien qu'un instant... J'ai tant souffert !.. Pourquoi me tenir ainsi éloigné de vous ? Si vous aviez résolu de me bannir de votre présence, il ne fallait pas me recevoir comme vous l'avez fait. Votre accueil, votre bienveillance, m'ont encouragé... On est si porté à croire ce que l'on désire !.. Pensez donc, depuis ce dîner au café Anglais, j'ai passé plus de quinze jours dans votre intimité... seul à seul avec vous... mon cœur près du vôtre. Vous vouliez, disiez-vous, me guérir, mais vous savez bien qu'on ne guérit pas du mal dont je souffre... Vous faisiez appel à ma raison, et je la perdais peu à peu en vous écoutant parler... Je vous aimais déjà de toute mon âme, maintenant je vous aime avec passion, je vous aime comme un fou !

JULIA. De grâce...

SAVARI. Quel mal vous ai-je fait, moi ?... Quelle faute ai-je commise envers vous, pour que vous m'ayez fermé votre porte depuis huit jours ? Une semaine sans vous voir, mais c'est un siècle ! Si vous saviez tout ce que j'ai souffert pendant ce temps !... Au moment où je vous ai aperçue derrière vos rideaux, mes forces, mon courage m'abandonnaient... Je crois que j'allais prendre un violent parti.

JULIA. Oh !

SAAVRI. Pourquoi pas ? c'est si difficile de vivre quand on est malheureux ! Mais je ne vis que par vous et pour vous... sans vous l'existence m'est odieuse !... ayez pitié de moi ! vous pouvez me régénérer ; un de vos regards me rendrait meilleur, une bonne parole, un sourire, un encouragement, et j'acquiers toutes les vertus que je n'ai pas ! Ah ! je vous aime tant ! si vous saviez comme je vous aime !

JULIA. Laissez-moi ! laissez-moi ! je ne veux pas que vous me parliez ainsi !

Elle s'éloigne et passe à droite près de la cheminée.

SAVARI, la rejoignant. Non, non, vous ne me fuirez pas... Puisqu'enfin je vous vois, puisque j'ai pu arriver jusqu'à vous, je vous dirai tout ce que je pense, tout ce que je me suis répété tant de fois ! Mais je cherche et je ne trouve plus rien... J'ai là, dans le cœur, mille bonnes choses à vous dire et je ne sais comment les exprimer... cependant, je veux parler... Oui, faute d'avoir su se faire comprendre et s'expliquer, il arrive parfois qu'on est malheureux toute sa vie... Je veux défendre mon bonheur, je veux... ah ! j'ai trouvé !... une des choses que je voulais vous dire me revient à l'esprit...

JULIA, s'asseyant sur la chaise qui est près de la cheminée, en face du canapé. Je ne vous écoute pas, je ne veux pas vous écouter...

SAVARI, lui prenant les mains. Vous ne voulez pas m'aimer, parce que mon existence passée ne vous offre pas de garantie assez sérieuse... Vous craignez de me voir retomber dans mes premiers égarements. C'est impossible !... mon amour est si vrai, si sincère et si pur... Ah ! l'homme qui aime ainsi ne trompe jamais celle qu'il aime. Le monde, pour lui, commence finit avec cette femme. Auprès d'elle, il oublie les souffrances de chaque jour, les difficultés de la vie, le passé, l'avenir. Le remords même, qu'on dit si implacable, ne pourrait l'atteindre !... Ah ! ne vous étonnez pas de m'entendre parler ainsi... Je comprends maintenant la passion dans ce qu'elle a de plus exalté, de plus naïf, de plus violent et de plus vrai... Je vous aime de toutes les forces de mon être !... Je vous aime, comme, de nos jours, on ne sait plus aimer !...

JULIA. Oh ! de grâce, ayez pitié de moi !

SAVARI, essayant de l'attirer vers lui. C'est à toi de me prendre en pitié... Je me meurs de te voir et de ne pas te presser sur mon cœur... Mon sang bouillonne, ma tête est en feu, mille transports m'agitent... Oh ! de grâce, laisse-toi attendrir, décide de mon sort. Faut-il mourir ? faut-il espérer ?

JULIA s'arrache des bras de Savari, se lève, le regarde et dit : Espère !

En prononçant ce mot elle laisse tomber sa tête sur l'épaule de Savari.

Au même moment la porte du fond s'ouvre et Marietta entre dans le salon. Julia se dégage de l'étreinte de Savari et court vers Marietta.

SCÈNE IV

LES MÊMES, MARIETTA.

MARIETTA, bas à Julia. Monsieur Vibert !

JULIA. Que me veut-il ?

MARIETTA. Il assure avoir quelque chose d'important à te communiquer.

JULIA. Il ne peut plus rien y avoir de commun entre cet homme et moi. Devant lui je serais obligée de le traiter comme autrefois, en ami ; il me faudrait encore mentir ; je ne le veux pas !

MARIETTA. Songe qu'il t'a montré un certain dévouement ; refuser de le voir serait de l'ingratitude.

JULIA. Tu crois ?

MARIETTA. J'en suis sûre.

JULIA. Alors fais ce que tu voudras, mais avant de le laisser entrer, attends que Savari soit sorti. Évite surtout qu'ils se rencontrent.

MARIETTA. C'est facile.

Elle sort par le fond.

SCÈNE V

SAVARI, JULIA.

JULIA, à Savari qu'elle rejoint à droite. Je vous renvoie.

SAVARI. Déjà.

JULIA. Rassurez-vous ; pour un instant. Il faut que je parle affaires et cela vous ennuierait. Mais vous reviendrez...

SAVARI. Oh ! bientôt, n'est-ce pas ?

JULIA. Quand vous voudrez... m'accordez-vous une demi-heure ?

SAVARI. C'est beaucoup. (s'éloignant avec Julia vers le fond.) Une demi-heure, pas plus.

JULIA. Je vous autorise à remonter dans une demi-heure et à m'attendre, si je ne suis pas encore libre. Êtes-vous content ?

SAVARI, lui serrant les mains. Je suis le plus heureux des hommes.

Il sort.

SCÈNE VI

JULIA, seule, redescendant la scène.

J'avais raison lorsque je ne voulais plus le voir... Je devinais le danger !... Allons, pourquoi regretter ? Est-ce ma faute, après tout ? (Elle se retourne au bruit que fait la porte du fond en s'ouvrant.) Ah ! J'oubliais !... Que me veut-il ?

Elle s'assied à gauche du guéridon.

Vibert entre et s'avance vers Julia de l'autre côté de la table.

SCÈNE VII

JULIA, VIBERT.

VIBERT. Je vous demande pardon, madame, d'avoir insisté pour vous voir. J'avais des choses importantes à vous dire.

JULIA. Parlez, monsieur.

VIBERT. Je viens vous entretenir de ce repris de justice accusé en dernier lieu de l'assassinat qui nous a si longtemps occupés ; j'ai pensé que vous seriez désireuse de savoir la conclusion de cette triste affaire.

JULIA. Non, monsieur... je saurai toujours assez tôt ce dénoûment prévu d'avance. Celui dont vous parlez appartient à la justice ; il ne tardera pas à expier son crime, et il ne peut y avoir, contre lui, de haine dans mon cœur.

VIBERT. Madame, je comprends cette générosité, en face d'un prévenu, d'un condamné. Mais il n'y a plus ni condamné, ni prévenu.

JULIA. Que voulez-vous dire ?

VIBERT. Mon Dieu ! l'instruction s'est encore égarée. Ce n'est pas étonnant : une affaire aussi mystérieuse que celle-là. L'homme qu'on avait arrêté et contre lequel semblaient s'être réunies des preuves accablantes, est parvenu à démontrer son innocence de la façon la plus victorieuse! il est libre depuis hier. Dans le cas où vous douteriez de ce que j'avance, ces journaux vous apprendront que je dis vrai. (Il dépose les journaux sur le guéridon, puis s'approchant de Julia qui garde le silence.) Ainsi, c'est à recommencer.

JULIA. A recommencer, quoi?

VIBERT. Mais le coupable n'est pas découvert, et il y a cependant un coupable. Il faut donc recommencer nos recherches.

JULIA. C'est maintenant l'affaire de la justice; je n'ai plus à m'en mêler.

VIBERT. Comme vous vous découragez vite, madame!

JULIA. C'est possible, mais cela ne regarde que moi.

VIBERT. En effet; mais permettez-moi de déplorer que, si près du but, vous renonciez à l'atteindre.

JULIA. Si près du but!

VIBERT. Sans doute; la justice s'est égarée, j'en conviens, dans une fausse voie. Mais il est facile de revenir à la première, qui est assurément la bonne.

JULIA. La première?

VIBERT. Oui, madame, la première. Nous n'avons pas de raisons pour ne pas, comme autrefois, soupçonner Savari.

JULIA, se levant. Lui!

VIBERT. Eh bien! madame...

JULIA. Vos soupçons ne sauraient se porter sur la personne dont vous parlez.

VIBERT. Pourquoi donc? Ils se portaient bien sur elle autrefois. En quoi, je vous prie, la situation se trouve-t-elle changée?

JULIA. Elle l'est! Je vous dis qu'elle l'est!

VIBERT. Vous le dites, madame, mais vous pouvez vous tromper.

JULIA, elle passe à droite. Je ne me trompe pas. C'est un honnête homme. J'ai appris à le connaître! Epargnez-lui désormais vos injurieux soupçons!

VIBERT. Soupçons que vous partagiez autrefois.

JULIA. C'est possible; je ne les partage plus.

VIBERT. Soupçons que vous avez été la première à concevoir.

JULIA. J'en rougis maintenant.

VIBERT. Parce que maintenant vous l'aimez, n'est-ce pas?

JULIA, se retournant. Monsieur! Sortez.

VIBERT, après avoir fait un pas vers la porte. Ce que je dis, madame, n'a rien qui doive vous offenser... La justice, elle-même, assurait que Savari était innocent.

JULIA. La justice ne se trompait pas. Oui! il est innocent!

VIBERT, s'avançant vers Julia. Il est innocent! vraiment! Osez donc alors lui avouer qui vous êtes?

JULIA. Qui je suis?

VIBERT. Oui, ce poignard! ce poignard que vous m'avez confié et que je vous restitue, (Il le pose sur le guéridon.) ce poignard qui a tué votre mari, osez dire à Savari qu'il vous appartient.

JULIA. Eh bien! oui, je l'oserai!... Ah! vous croyez que j'ai peur qu'il ne se trahisse. Non, j'hésitais à parler, parce que j'avais honte de la comédie que j'ai jouée!.. Mais je n'hésite plus. Je me nommerai et il ne se trahira pas!.. Serez-vous alors convaincu?

VIBERT. Oui!

JULIA. Eh bien! je vais le recevoir, à l'instant, ici, devant vous. Cachez-vous dans cette pièce, et écoutez.

VIBERT. Soit!

Julia d'un geste lui désigne la porte de droite. Il se dirige de ce côté, soulève la portière et disparaît.

SCÈNE VIII

JULIA, MARIETTA.

JULIA, vivement, à Marietta qui entre. Est-il revenu?

MARIETTA. Oui, il attend que tu sois seule.

JULIA. Je suis seule, qu'il entre.

MARIETTA, qui s'est approchée de Julia. Mais qu'as-tu donc?

JULIA. Rien... rien... va!...

SCÈNE IX

JULIA, puis SAVARI.

JULIA. Mon Dieu! Donnez-moi le courage de lui dire que je l'ai trompé, que je lui ai menti, que je l'ai accusé d'un crime! (S'asseyant sur le canapé.) D'ici... on ne pourra perdre un mot de notre entretien... Le voici.

SAVARI, courant à Julia. Ah! merci, merci! de m'avoir tenu parole, de me permettre de vous revoir... je ne doutais pas... non, je ne doute plus. Ne m'avez-vous pas dit d'espérer. Oh! oui, j'espère! J'espère en vous! vous êtes toute ma vie! Je vous aime, non pas seulement parce que vous êtes la plus séduisante des femmes, mais parce que vous m'avez régénéré, vous m'avez rendu meilleur, vous avez mis en moi des délicatesses que je n'avais pas. Vous m'avez amené à pleurer sur mes égarements et mes fautes passées. Je vous aime, mais j'aime aussi mon amour qui a fait de moi un homme. Ah! si vous pouviez entendre l'hymne de reconnaissance qui de mon cœur s'élève vers vous!

Julia s'est surprise à écouter Savari, elle a oublié qu'à deux pas d'elle.

Vibert écoute aussi et attend. Tout à coup un souvenir la frappe, elle se dégage de l'étreinte de Savari, se lève, et passe au milieu.

JULIA, à elle-même. J'avais oublié qu'il est là... là... Allons! Il faut en finir. Si je tarde, il croira que j'ai peur... que je le soupçonne encore..... (Regardant Savari.) Est-ce possible?

SAVARI, resté près du canapé. Qu'avez-vous, mon amie? Pourquoi vous éloigner de moi? Pourquoi votre cher regard m'a-t-il quitté?

JULIA. C'est que vos paroles m'effrayent! vous dites m'aimer, je vous crois: mais vous ne réfléchissez pas à tous les obstacles qui nous séparent.

SAVARI. Quels obstacles?

JULIA. Je suis Italienne, j'ai une famille là-bas, dans mon pays, il me faudra bientôt la rejoindre; dans quelques jours peut-être j'aurai quitté la France.

SAVARI s'approche de la table du milieu. Eh bien! pourquoi ne vous suivrais-je pas? Toute mon existence ne vous appartient-elle pas?

JULIA. A quel titre me suivrez-vous?

SAVARI. Au titre que vous m'autoriserez à prendre. Il en est un que j'ambitionne par-dessus tout, et c'est le seul auquel je puisse oser prétendre auprès d'une femme comme vous...

JULIA. Vous m'offrez votre nom... mais c'est à peine si vous savez qui je suis, mon ami!

SAVARI. Vous! oh! je vous connais!

JULIA. Que savez-vous de moi? Rien... Où m'avez-vous rencontrée pour la première fois?... Dans une société...

SAVARI. Où le hasard vous avait conduite.

JULIA. Non... j'y étais venue pour vous.

SAVARI. Pour moi!... Comment pour moi?

JULIA. Oui, j'avais un intérêt puissant à me trouver avec vous, à vous étudier, à vous juger.

SAVARI. Quel intérêt?... Je ne comprends pas.

JULIA. Elle passe à droite, Savari se trouve près de la table. Vous allez me comprendre. Le moment est venu de dire la vérité... Depuis six mois, je n'ai pas cessé un seul instant, de scruter toutes vos actions, d'observer vos moindres gestes, d'étudier vos paroles. En venant ici, Vous pensiez entrer dans une maison amie, vous vous trompiez! vous étiez auprès d'une ennemie, d'un espion qui prenait plaisir à vous dresser des embûches, à vous tendre des pièges.

SAVARI. Mais que vouliez-vous donc savoir?

JULIA. Je voulais savoir si vous étiez l'assassin de Maurice Vidal.

SAVARI. Ah!... Eh bien, le savez-vous?

JULIA. Je sais que vous êtes incapable d'un crime, que vous êtes un honnête homme. Et maintenant, je ne crains plus de vous dire qui je suis : Je m'appelle Julia Vidal.

SAVARI. Vous! vous!

JULIA. On vous avait rendu à la liberté, et moi j'avais encore des soupçons contre vous, je vous croyais coupable et je n'avais qu'une pensée : Venger la mort de mon mari. Alors j'imaginai de me faire aimer de vous, dans l'espoir que vous arriveriez à vous trahir. Vous m'avez aimée et peu à peu, de mon côté, je me suis sentie, à mon insu, attirée vers vous, jusqu'au jour où, convaincue de votre innocence, j'ai pu enfin vous aimer de toute mon âme... Me pardonnez-vous?... Dites-moi que vous me pardonnez... Mais parlez donc... Qu'avez-vous à me regarder ainsi sans parler? Vous ne voulez pas me pardonner? Le rôle que j'ai joué auprès de vous vous révolte... Eh bien! dites-le... accablez-moi... mais parlez... je vous en supplie... Rien ne nous sépare, n'est-ce pas?... vous pouvez m'aimer comme je vous aime.

SAVARI, à gauche de la table. Non... Je ne puis plus vous aimer... C'est moi qui l'ai tué!

JULIA. Vous! (Elle recule épouvantée d'abord, puis elle se rapproche de Savari en s'écriant.) C'est impossible! c'est impossible!... Tu mens, tu mens, pour me punir de mes mensonges passés, pour m'effrayer dans mon amour... Vous n'êtes pas coupable! Vous ne pouvez pas l'être, puisque je vous aime!... Mais répondez donc, répondez ! dites que vous venez de mentir ! Il faut que l'on vous entende... Il faut que tout le monde vous entende... Tenez ! je vous mets au défi de dire pourquoi vous avez commis le crime dont vous vous accusez et de quelle façon vous l'avez commis.

SAVARI. Je le dirai, au contraire, et peut-être, après mon récit, aurez-vous pour moi moins de mépris et un peu pitié !

JULIA. Mon Dieu ! mon Dieu ! Est-ce donc vrai ?

SAVARI. Vous vous rappelez le salon de Maurice Vidal, le vôtre. Au milieu, une table ressemblant à celle-ci. Sur la table on voyait un poignard : le voici, c'est le même.

JULIA. Ah !

Éplorée, elle va tomber sur le canapé.

SAVARI, au milieu de la scène. J'étais venu chez Maurice Vidal pour le prévenir que je ne pourrais payer le lendemain un billet que je lui avais souscrit. Je le trouve seul ; je lui explique ma pénible situation, ma gêne. Je le prie, je le supplie de ne pas me poursuivre. Il est insensible à mes prières... Alors, dans mon désespoir je m'écrie : « Vous verrez que vous » serez cause d'un malheur ; plutôt que d'être humilié, pour» suivi, de perdre le peu de crédit qui me reste, je me tue» rai ! — Vous, répond-il d'un ton moqueur, vous, tuer ! » allons donc ! Tenez, voici un charmant couteau-poignard : » je vous l'offre, tellement je suis persuadé que vous n'en » ferez pas un mauvais usage. » Machinalement, je prends le couteau, mais le sang me monte à la tête... Je ne supplie plus mon créancier, je me plains de ses rigueurs, je lui reproche sa dureté... « Ma dureté ! s'écrie-t-il, tenez, voici » vos billets, je vous les rends, prenez-les, je ne veux plus » rien avoir de commun avec vous. Mais j'aurai le droit de » dire partout que vous êtes un voleur ! » Un voleur ! moi ! Je me précipite sur lui, il me frappe au visage... Alors, fou de colère, je le frappe à mon tour avec le couteau qu'il m'a mis dans les mains... il pousse un cri et tombe : je jette le couteau loin de moi et je m'enfuis éperdu... C'est ainsi que cela s'est passé, je le jure !

JULIA. Malheureux !

SAVARI. Quelques jours après, j'étais arrêté !... D'abord, je voulus tout avouer. Aucun jury ne m'aurait condamné. J'avais donné la mort sans intention de la donner !... Tout à coup, je me rappelai ces billets qu'il m'avait rendus, que je ne voulais pas prendre, et qu'il avait mis presque de force dans la poche de mon pardessus. On les avait trouvés et... si j'avouais, j'étais perdu !... je n'étais plus qu'un assassin vulgaire, j'avais tué pour rentrer dans ma dette... Alors je résolus de me défendre, d'employer toute mon intelligence à tromper la justice et à sauver ma tête. « Ah ! me disais-je, si la vie me devient à charge, si le souvenir de mon crime m'est odieux, je saurai bien me faire justice à moi-même. » On crut à mon innocence, on me rendit à la liberté, et au moment où, désespéré, j'allais peut-être en finir avec la vie, tout à coup je m'y cramponnai de toutes mes forces... (Faisant un pas vers le canapé où se trouve Julia.) car je venais de vous rencontrer et je vous aimais !

JULIA. Mon Dieu ! mon Dieu ! mon Dieu !

SAVARI, se rapprochant de la table. Voilà mon crime. Je ne sais pas s'il se trouvera des juges pour me condamner, mais peu importe : mon existence est brisée ; une barrière infranchissable est élevée entre nous, et je t'aime tant que la vie me serait insupportable sans toi !... adieu donc, Julia, je te quitte pour toujours. (Il prend sur la table le poignard qui y était posé.) J'ai tué Maurice Vidal avec ce poignard, c'est ce poignard qui me tuera.

Il se frappe tout à coup, sans que Julia, qui s'est élancée vers lui, ait pu arrêter son bras. Il tourne sur lui-même et vient tomber mourant entre la table du milieu et le canapé.

JULIA. Ah !

Elle se dresse et fait un mouvement pour se précipiter sur Savari, mais elle s'arrête.

SAVARI, se soulevant à moitié. Je vais mourir. Vous pouvez me pardonner... Vous ne répondez pas... Vous n'osez pas... Vous me laisserez mourir... sans un mot, sans que votre main se tende vers moi... Ah ! c'est affreux de quitter ainsi une existence qu'on avait entrevue si belle... Rien, tu ne dis rien... pardon...pardon... (Il tombe épuisé.) Adieu ! adieu !

Il meurt... Julia tombe à genoux près de lui et prie.

SCÈNE X

LES MÊMES, VIBERT.

VIBERT, qui a soulevé la portière de la chambre où il était caché, jetant un regard sur le cadavre de Savari. Je ne m'étais pas trompé !

FIN

Clichy. — Imp. Maurice Loignon et Cie, rue du Bac-d'Asnières, 12.